르 코르뷔지에의 사유

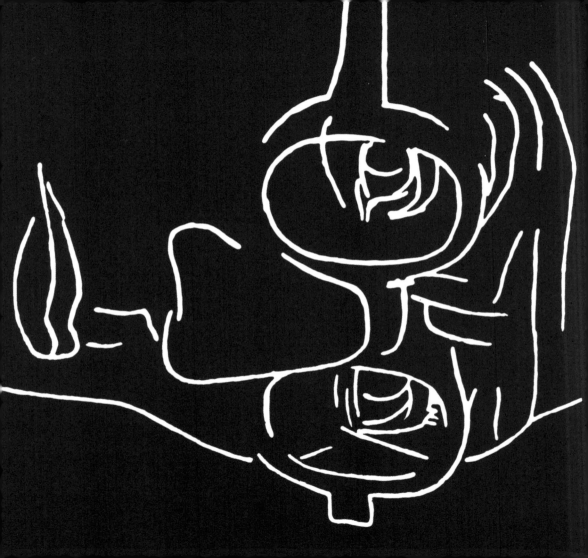

르 코르뷔지에의 사유 思惟

정진국 옮김

열화당

Le Corbusier Mise au point

mise au point

이 작은 책에는 르 코르뷔지에가 1965년 7월에 쓴 글이 실려 있다. 지금 르 코르뷔지에는 우리 곁에 없다. 우리는 글 속에서 마음의 위안을 얻을 수 있고 어떠한 의미를 찾을 수 있다. 하지만 잘못 이해해서는 안 된다. 그의 글은 확신에 찬 투쟁의 산물이며, 경험에서 우러난 사유의 산물이다. 따라서 마치 르 코르뷔지에가 우리 곁에 있는 것처럼 글을 읽어 가는 것이 좋겠다. 사실 그는 우리 곁에 있다.[1]

7

전해지는 것은 사유(思惟)뿐이다(Rien n'est transmissible que la pensée)[2]. 헤가 기

뜸뵈는 오랜 시간을 지나면서 사람은 투쟁과 작업과 수고에 의해 조금씩 개인의

사적 성취라는 중요한 자산을 얻어 간다. 그러나 개인의 열정을 담아 함들어 쌓은

경험이라는 자산은 결국 사라지고 만다. 생명의 법칙, 바로 죽음 때문이다. 자연

은 죽음으로 인해 모든 활동을 멈춘다. 노대의 결실인 사유만이 전해질 수 있다.

세월이 간다. 시간이 흐른다. 인생이 흐른다……

모든 것이 조화(accords), 관계(rapports), 현존(présence)이다. 뿐만 아니라 강

력한 종합(synthèse), 촉발(déclenchement), 구동(déclic), 섬광(éclair)이다. 이들은

시야(vision), 참여(intervention), 촉매(catalyse)의 근원이다[3]. 사건들과 요소들을 인,

9

너머, 위, 아래, 그 어디에서나 흔들림 없이 항구적인 데에서 존재의 이유를 찾을 수 있다.

존재는 항구적이며 영원한 것이다. 과학자들은 없이 이를 수 있다고 말한다!

그런데 과연 그들에게 조가비, 도마뱀, 개(좋은 친구), 코끼리, 남자와 여자…와 같은 존재를 증명하거나 설명하는 방법이 있는지 의문이다. 과학자들은, 쪼개어 나눌 수 있어도 보지 못한다. 그들이 없는 이성의 개입에 의한 것이다. 주어진 상황과 그것을 둘러싼 기운과의 공존. 인간 고유의 행동 양태인 이해, 그리고 가성. '왜' 라는 물음과 '어떻게' 라는 물음 사이에 다양한 인간의 정신을 포상하는 물음들이 수없이 나열되어 있다.

관철하라! 진정한 관찰자들은 대체 어디에 있는가. 우리는 개미가 레이더를 가지고 있다는 사실을 안다. 그러나 우리는 개미가 왜 존재하며, 왜 개미가 그리 한 운명을 지고 있는지에 대해 알지 못한다. 삶은 스스로 그물을 짜 나가지만 결코 되돌아오지 않는다…

나는 어릴 때부터 물질들의 무게를 확실하게 집했다. 무거운 물질들, 단단한 물질들. 그리고 나는 사람들을 집했다. 제각기 다른 능력을 가진 사람들, 강인한

11

사람들, 화끈한 사람들, 일생 동안 나는 이들과 함께하는 삶을 살았고, 중만 있는 불결들을 다루어서 과감한 해결책을 내놓기도 했는데… 성공적이었다! 나는 사람들이 이리저리하려는 것도 알았다. 대판은 놀라는 일도 있었고, 대판은 지금까지도 가슴을 쓸어내려야 하는 것도 있었다. 하지만 실사숙고하여 이러한 것들을 가려내고 받아들였다. 나는 것을 풍의 속에서도 경험하게 행동했다. 그리고 나는 간혹 안문, 특히 생각이 별로 없는 사진가치들을 마주할 때를 제외하고는 그렇게 쓰라린 경험을 하지 않았다. 실수를 연발하고, 안일하고, 경박하고, 점쟁주의… 등에 빠진 안문은 스스로 가서적이 되도록 강요한다. (그렇게 하고오이 만나) 안문의 기본적 생태는 무언가 매일 탈타철에 하는 데(용어 지체가 믿어 준다)에 있었다.[4] 세상의 그 어떤 일도 안문에서는 단 하루의 분량에 지나지 않는다.

"새상이 오르게 하기 위해서는 또다시 삶을 괴고들어야 한다(Il faut de nouveau creuser dans la vie afin de refaire de la chair)."

영원한 진리의 이 말을 한 사람은 내가 아니라 헨리 밀러(Henry Miller)이다.[5] 사실 나는 일찍부터 이와 비슷한 생각을 해 왔다. 또다시 삶을 괴고들어야 한다…. 지구 전체에 만연하는 전쟁을 거부해야 한다…. 황인과 흑인과 백인, 모든 사람들을 위해서 기계와 정신이라는 도구를 가지고 완전히 새로워져야 한다. 이는 문명에 대한 전반적 자각을 일으킬 것이다. 이는 월 스트리트(Wall Street)를 몰락하게 만들고, 지구의 식량난을 정복하게 할 것이다. 인간의 신성(神聖)으로 뛰어들어야 한다. 이것만으로도 위대한 의미를 가진 사실을 되찾기에 충분하다.

삶은 이상아릇한 모험이다. 듣는 공 모양의 지구라는 행성, 이 우주의 미립자는 정해진 궤도를 따르면서 움직이고 부딪치고 부서진다. 우리는 스스로의 운명을 지닌 지구 안에서 살아가고 있는 것이다.

나는 지금 일흔일곱 살이 되었고, '삶 속에서 이루어 가기'[6]를 좌우명으로 삼아 왔다. 이는 겸허하게, 확실하게, 명확하게 행동한다는 뜻이다. 규적(régularité)과 절제(modestie)와 지속(continuité)과 인내(persévérance)는 예술적 창조의 유일한 토양이다.[7]

나는 어딘가에서 삶을 한결같음 즉 항상성(constance)이라고 정의한 적이 있다. 왜냐하면 항상성은 자연적이고 생산적이기 때문이다. 항상성에는 경험과 인내가 요구된다. 이것은 용기의 증가이자 내면의 힘이며 존재의 본성의 자질이다.

삶은 사람으로부터 오고, 사람은 삶으로부터 온다. 모든 일이 여기에서 비롯

13

된다. 물의 표면을 바라보든…, 인간이 만든 훌륭한 작품들로 가는 전 코스 종일

을 바라보든…. 모든 것들을 바라볼 돌아가기 마련이다…. 결국 인간은 혼자서 자

신을 마주하게 된다. 인간의 내부에서는 아픔과 천사가 싸움을 벌이고 있다. 단 하

나의 선택만이 있다는데, 그것은 어떤분의 양심, 바로 자신이다. 아주 작을 수도 있

고 아주 클 수도 있지만, 비참한 수준과 고결한 수준 사이에서 (작든지 크든지) 얼

마만큼의 양심과 자신을 가지느냐에 달렸다. 애초부터 그것은 각자의 소관이다.

양심과 자신이라는 존엄을 선택하는 사람이 있는가 하면, 반대의 가능성, 즉 이익

과 돈을 선택하는 사람도 있다.

나의 삶은 발견으로 분주했다. 그것도 하나의 선택이다. 멋진 개념탐이나 재

규어를 볼 수도 있고, 일에 완전히 빠져 있을 수도 있다. 진리에 대한 탐구는 쉽지

않다. 완전한 진리가 존재하지 않기 때문이다. 진리는 작은 개울의 가는 물줄기와

큰 강의 큰 물줄기 사이를 흐른다. 답이다 비껴난다…

우리는 스스로에 건척 아무런 결정도 내리지 못하는 폐쇄적 편견사회에 살고

있다. 외화나 위원회에… 가 보면, 거기는 말하기 좋아하는 사람들에게나 아울리

는 곳이지, 우리처럼 무거운 돌을 꿀을 흘기느라 땀을 흘리는 사람들에게는 아울리는

못이 아니다.

열일곱 살 때 나는 처음으로 집을 지었다.[8] 그 당시 나는 주변 사람들의 말에 아랑곳하지 않고 대답하게도 집 모서리에 두 개의 창문을 내고자 했다. 공사 현장에서 벽돌 하나를 손에 들었는데 그 무게는 나를 엄청나게 놀라게 했다. 나는 꼼짝할 수 없었다. 집은 벽돌 한 장… 수백만 장이 차례로 쌓여 지어진다.

하자들과 판금들의 잔소리? 그건 별로 중요하지 않다. 1953년경에 모리스 자르도(Maurice Jardot)[9]와 나는 대화가 생각난다. 피카소(P. Picasso)에 관한 이야기였는데, 어느 자리에서나 "로마에서 있었던 제 전시회가 마음에 드셨나요?"라고 피카소가 자르도에게 말을 건넸다고 했다. 나는 바로 말했다. "그때 만일 자르도 당신이 '글쎄요, 좋지 않았습니다'라고 대답했더라도 피카소는 틀림없이 '상관없어요.

전시회는 성공적이었고, 세상 사람들이 이러쿵저러쿵하는 이야기에는 별로 신경 쓰지 않습니다'라는 반응을 보였을 것"이라고.

예순 살이 되던 해, 나는 처음이자 마지막으로 국가가 의뢰한 설계를 수행했다.[10] 아마 조금은 우스운 일일지도 모른다! 당시 세계는 어디는 광고등이 켜진 상태였다. 정신은 확실히 중세에 머물러 있었다. 이차세계대전이 끝나고 재건의 시기가 왔지만 내가 할 일은 아무것도 없었다. 내가 맡은 일들은 전부 개인을 위한 것이었다. 애써 참으면서 말하지만, 많은 일들의 가능성이 관료들에 의해서 좌절되고 말았다. 언젠가 있었던 나에 대한 정의의 묘사도 오히려 나를 배척하려는 의도에 따른 것이었다. 나는 모든 것을 놓치고 말았다. 많은 일들이 구체화되지 않았다는 지나친도, 또 나중에 죽어 하늘나라에 간다는 지나친 것도, 합께 마치지 않는 말의 시대는 계속될 것이다.[11] 그들은 언제는 안 된다고 말할 준비가 되어 있다. 휴정함이 계속되고 우매함이 기록되고, 인급되고, 주장된다... 항상 진벽이 가로막는다. 동료들... 판계 당국자를, 전문가를, 고위급 인사들에 의한 정벽이...

기억하는가, 마르세유의 위니테 다비타시옹(Unité d'habitation)[12]을 보고 프랑스의 사회화 회장이었던 어느 장신과 의사가 "도저히 참을 수 없는 누더기 집..." "정신병의 온상..."이라고 했던 말을. 그리고 (국가보건위생 최고위원회에서) "위생법적을 여행... 하는 건물이라고 했던 말을.

나는 진실을 이야기하고자 한다. 쓰레기가는 어디에 있는가. 너무 앉아하고, 너무 썩었다... 권투 선수는 코피가 터져야 한다는 것을 알고 있고, 덤비 선수는 어깨가 빠지거나 무릎이 깨져야 한다는 것을 알고 있다... 내가 하고 싶은 말은 무엇인가를 이룬다는 것(생산하는, 창조하는, 관리하는, 조직하는 등등)이 돈벌이보다 중요하다는 것이다. 오직 여기에 행복이 있다. 행복은 내 안에 있으며, 호사를 그지없는 팜 비치(Palm Beach)에 있지도 않고, 취영에 가득 찬 무도회인 '쁘띠 블랑(Petits Lits Blancs)'13에 있지도 않다. 앉아야 하고, 보아야 하고, 앞서 일어야 하며, 무엇보다도 앞서 일기 힘든 것들을 과어하고 숙고해야 한다. 이것은 헌신과 경험, 그리고 매일매일의 삶으로부터 얻어지는 바를 느끼고 얻어차리는 일이다.

『에스프리 누보(Esprit Nouveau)』를 발간하던 시절,14 서른두 살의 나는 열정이 가득했었고, 성실했었고, 대담했었고, 또한 용기가 있었으며 위험을 마다하지 않았다. 그때 쓴 책 『건축을 향하여(Vers une Architecture)』15는 세상에 대한 분명한 선언임과 동시에 확고한 통찰(위험을 포함해서)이었다. 뿌리는 땅에 내려야 뿌리가 된다. 젊음은 견고하고 완강하고 순수하다. 용수철은 계속해서 늘어나려 한다. 인간의 수명이 그렇다. 어릴 때부터 서른 살까지 나는 얼마나 무부림을 쳤었고, 얼마나 부대끼며 살았고, 또 얼마나 없이 무멀라 했던가! 어릴 때는 그것을 잘 알지 못한다. 그냥 길을 따라갈 뿐이다. 이와 마찬가지의 모습이, 오전 수업 때 꾀리의 수업장에서, 그리고 방학 때 바닷가에서 친구들과 술잔게 뛰어노는 한 무리의 청소년만한 (젊은 머리) 아이들의 붐짓, 말소리, 눈길, 걸음걸이에 찰 나타난다. 그많은 기능성과 그많은 순수성이 괴연 얼마만큼 남아 있을까.

나는 선학들의 뒤를 따르는 후학들의 자세가 유행하는 미학의 발전에 있어야 한다고 생각하지 않는다. 오히려 그들에게는, 사물과 사실의 구성을 명확하게 이 해하려는 노력과 함께, 현재 우리 눈앞에서 전 세계적으로 전개되고 있는, 새로운 사회에 이바지하는 전문 영역들의 비밀을 얻어내기 위한 싱요하고 열정적이고 내 실 있는 탐구가 중요하다. 모든 것은 아떻게 하느냐(내적 작업)에 달려 있다. 어떻 게 있느냐에 흥미를 가질 사람은 아무도 없다.[16]

1950년 쿨롬비아 보고티에서 나는 한 시대가 지나갔음을 강하게 느꼈다. 내 제적 세계의 중말이랄까. 시간의 길이가 조 단위로는 뻔 단위로는 얼마 남지 않았는 것 이외에 알 수 있는 것은 없다. 다가오는 것은 바로… 내재앙이다? 아니, 친구여, 다가오는 것은 해방이다. 약속함이 필요하지 않은, 이주 펼범한 일상이 된 정을 실패보지. 보고티로 여행을 떠나 나는 맛세 만에 고통보다 진정 내일의 기쁨을 확중해 주는 개인적이며 일반적인 사실들과 증거들을 충분히 수집해서 돌아왔 수 있었다. 잠재 깨고 부수기 위해 만들어진 기계가 거꾸로 인간 생명의 역사를 완전히 비꾸어 놓았다. 인구 천여백만의 미국 뉴욕에는 마구잡이로 결성된 사회단계가 넘쳐난다. 석공(石工)의 아들로 태어난 내 친구 니볼라(Nivola)는 롱아일랜드에서 벽으로 둘러싸인 공간에 채소를 가꾸며 산다. 많은 여성들이 사는 곳, 도처에 정신과 의사를 필요로 하는 곳, 반항과 목표가 없는 행위들이 일어나는 곳, 결과를 생각하지 않고 하루가 흘러가는 곳이 바로 미국이다. 미국인들은 준비와 지혜와 계획과 절차하는 상관없이 스물네 시간 동안 일한다. 뉴욕! 이 도시는 하늘에 대해 너무 잔인하다. 거칠고 예의 없고 자기밖에 모르는 도시. 이곳에 사는 대지가 블록 단위의 면적으로 팔린다. 여러분은 자신에게 즐거움을 가져다주는 바쁜 누릴 권리를 가지고 있다! 만들고, 팔고, 하루 일을 마치고 나서 빠지나오기 바쁜 '거래' 중심의 도시, 뉴욕! 사람들은 무자정, 즐거움 없이… 이리저리마구 내달린다….

인도 찬디가르에서 어느 날 밤, 나는 피에르 잔느레(Pierre Jeanneret)에게 말했다.[17] "심각한 사람은 있어도 놀이를 아는 사람들이 없어!" 그의 반론이 있었지만, 나는 다시 말했다. "등산가들, 럭비 선수들, 도박꾼들 모두 엉터리야. 놀이를 모르

짱아…." 그들은 놀이를 모른다…. 물론 태헙주의자와 비태헙주의자가 있을 수 있다. 학교 수업에서, 정치 집단에서, 무용 강습소에서 배우는 모든 내용은 개인의 특성과 성격에 따라 함부로 변경될 수 없는 원리로 이루어져 있다. 자유로운 판단, 신이 만든 사람들의 자유롭고 절실한 욕도, 인간이 이룩한 나름대로의 원리를, 이를 하나하나는 요새와 같이 서로 넘볼 수 없는 나름대로의 원리를 가지는 것이다. 그런 모든 "세상에서 가장 높은 왕좌일지라도 자리에는 엉덩이로 앉기 마련이다"라고 말한 몽테뉴(Montaigne)가 옳았다.[18] 그렇다. 놀이에는 원리, 바로 규칙이 있다. 이용하기 위해 만들어진 놀이 이제 수렴을 이용하는 지경에 이른 것과 마찬가지로, 사람들은 진정한 놀이를 잊어버렸다. 사소한 요구 사항들을 정정하게 들어놓는 인간의 말을 어기간하면 참고 드는다. 그렇지만 더 이상 참을 수 없는 배가 오면 나는 끝내도 말한다. 아니, 그럴 수 없다고! 왜냐하면 그것은 나의 놀이, 나의 생각의 놀이, 다시 말해서 의뢰받은 일을 받아들여 활신에 이르기 위해 엄청난 질문의 과정을 거치면서 점정적으로 정리되는 바로 그 창조의 순간으로부터 나의 생각이 분출되어야 한다는 규칙을 벗어나기 때문이다. 모든 것이 규칙에 있다! 규칙 이외에는 아무것도 없다! 그렇지 않다면, 내가 존재를 하는의 이유도 없다. 이

것이 핵심이다. 나타는 존재의 이어는 놀이를 놀이닿게 하는 것, 즉 하나의 순수한 질서를 따르는 것에 있다. 그런데 놀이에 첨어하려면 응시하고 관점하고 발견하는 과정을 가져 감각(sensations)과 지각(perceptions)과 생각(idées)이 길러져야 한다.[19] 형이상학이란 성취의 부수적 사항이며, 정사로의 하강 국면이며, 근유 기능의 정지 상태이다. 그것은 행위(acte)나 사실(fait)이 아니라 반향(écho)과 반영(reflet)이다.[20] 반향과 반영의 형이상학은 도로놓장의 느껌가와 같은 어떤 특별한 경우의 사람들, 그들로부터 감응을 유발하고 그들에게 중격을 신사한다. 수학과 수(數)는 느껌가로서의 나에게 주어진 비장의 느낌이다.

나는 볼 줄 아는 눈을 가진 당나귀이다. 나는 비례 분능을 가진 당나귀이다. 나는 확실히 시각적 인간이다. 아름다울 때 아름다운 것이다…. 아름다운 모딜로르(Modulor)에 달려 있다.[21] 누가 말한다. "저는 모딜로르에는 전혀 관심이 없습니다. 모딜로르를 가지고 제가 무엇을 하기를 바라십니까?" 절대, 그렇지 않다! 모딜로르의 유용성은 무말할 나위가 없다. 아무것도 느끼지 못하는 사람이나 그렇게 말한다. 모딜로르는 당나귀의 귀를 더욱 길게 만들어 준다. (이 당나귀는 바로 앞에서 말한 나 자신을 가리키는 당나귀와 다르다)[22]

21

나는 1950년인가 1951년에 브르타뉴 여행 중 스케치북에 기록한 몇 가지 연구를 1953년 1월 31일 지드느에게 보냈다. "예승골에 나타난 비례" "은 코르뷔지에의 기억", 이런 것들이다.

1919년. 규준선(規準線, 23 이것을 슈아지(A. Choisy)[24]가 증명해 보였다). 그후로 나는 순전히 혼자서 연구에 매진하였고, 당시의 어떤한 규범도 따르려 하지 않았다. 비뇰라(G. B. da Vignola)[25](그리고 일말들)와의 전쟁을 선포했다. 괴비린 내가 진동했다.

1922년 이전. 인구 삼백만의 현대 도시와 주거-빌라[1910년 사르트뢰즈 데마(Chartreuse d'Ema)에서의 발견에 힘입었다]를 발표했다.[26]

1919년. 회화와 데생의 독포 의식이 분명해졌다. 건축가로서의 정신 또한 강해졌다. 그때부터 건축과 회화(조각도 포함되는데, 이들 모두가 새로운 윤리에 기초한 공간과 광선의 문제였기 때문이다)를 동일선상에서 연구하기 시작했다.[27]

1928년까지. 물건, 유리, 병 이외에도 기하학과 비례를 위한 갖가지 도구들에 관심을 두었다. 1928년 후부터는 인간의 형상, 시적 반응의 물체 등이 나의 연구 대상이었다⋯⋯

1951년 말. 나는 인도 찬디가르에서 우주와 생명(별, 자연, 신성한 동물, 새, 원숭이, 그리고 소)과의 우정을 이야기하는 힌두교 교리의 진수를 접할 수 있었다. 마을에서 아이, 어른, 아직 힘이 넘치는 노인, 연못, 망고나무를 보았다. 이들은 모두 함께 웃고 있었으며, 가난하지만 서로 잘 어울렸다.

열일곱 살에 처음 집을 지은 이후, 나의 작업은 모험의 연속이었고, 난관에 부딪혔으며, 실패를 맛보았고, 더딘는 성공에 이르렀다. 이제 내 나이는 일혼일곱 이다. 나의 이름이 세상에 알려졌고, 나의 연구와 생각이 공감을 얻기도 했다. 하 지만 장애물이 해방군처럼 상존한다. 어떻게 했나고? 나는 언제나 적극적이었고 쉽게 물러나지 않았다. 그리고 버텨 냈다. 나의 연구도 언제나 인간의 가슴에 있는 시정(詩情)으로 향했다. 시각적 인간인 나는 눈과 손을 써서 작업했으며 조형적으 로 표현하려고 애썼다. 일관성, 정합성, 통일성, 이들의 핵심이 해심이다. 건축 과 도시는 서로 다르지 않으며 하나의 작업, 하나의 문제이다.[28]

나는 혁명적 인물이 아니다. 나는 슈퍼맨을 타는 편이고, 민심이 없으면 참견

하면 들지 않는다. 그렇지만 시대의 요소들과 사건들은 혁명적이다. 거리를 두고

냉정하게 이들을 바라보아야 한다. 여행을 통해서 나는 갖가지 특징적인 것들을

목격했다. 대사(大使)들은 외교상 아주 중요한 인물이다. 과거 사륜마차를 타고

다니던 시절, 그들은 기밀문서를 가지고 이 넘 내지 삼 넘 동안 그들의 임무를 수

행했다. 그들은 또한 왕이든 황자든 혹은 공화주의든, 주인이 내리는 명령을 받

기 위해 최선을 다한다. 이제는 비행기로 열 시간 혹은 스무 시간이 걸리는 거리다.

하더라도 문제가 생기면 그 즉시 현장으로 달려가서 분명을 가진 사람을 만나 담

자 위에서 지류를 펼쳐 놓고 해결한 다음, 이를 혹은 사흘 만에 다시 돌아올 수

되었다. 이런 변화는 세계적 사건으로 그 결과는 실로 엄청나다. 나는 도시계획을

의뢰받고 보고타를 방문하게 되었다. 거기까지 비행기를 타고 갔고, 도착해서 한

가지 특별한 사실을 알 수 있었다. 이 도시는 사백 년 전, 오십 마리의 말을 가지고

말이 없었던 인디오들과 치른 전쟁에서 승리한 멕시코의 정부군에 의해서 만들어

졌다. 보고타에서 비행기야 항구로 가려면 이삼 일이 걸렸지만 지금은 두 시간

반이면 충분하다. 스페인계 사람들이 지는 이 도시에는 이십 넘 전부터 학교가 세

위지고 책이 들어오기 시작했다. 갑자기 사람들이 소리쳤다. "우리는 밖으로 눈을 돌려야 합니다!" 그들은 세계를 만나러 나가기를 원했다. 그리고 그렇게 했던 사람들이 들어와 다른 사람들에게 말했다. "이리로 와서 보세요. 할 일이 있습니다."

사람들은 땅을 보면서 말했다. "우리 다 함께 인구 백만의 도시를 만드십시다…".

사람들이 여러분 앞에 있다. 발 아래에서 땅이 움직인다. 물로 진짜 움직이는 긴 땅이 아니다. 우리는 진화하는 시대의 진배이아 벨트 위에 있다. 우리는 '기계주의 문명'29 속에 있으며 이러한 사실을 받아들여야 한다. 사회적 관계는 아담과 이브 때부터 시작되어 지금까지 이어져 오는 인간성의 자연스러운 현상이다. 두단적 결과가 영토의 점유에서 드러난다. 콜롬비아 재건부(再建部)에 호의적인 사람들이 있었다. 물론 그렇지 않은 사람도 있었지만. 그들은 나의 '작은 제안'을 받아들여 그것을 '토지 정비(aménagement du territoire)'라고 불렀다. 이것은 현재 콜롬비아 사람들이 당면한 문제의 확실한 해결책으로서, 적어도 내가 사실 년 전에 생각한 내용이다. 어느 일요일 저녁, 굉장히 진지한 사람들이 텔레비전에 출연하여 이 계획에 대해 함께 토론을 벌였다. 그때 진정한 그들의 친구로서… 내가 말했다. "토지 정비라니요! 정비하기 이전에 땅이 있어야 할 것 아닙니까? 땅이 아니에 있나요?" 오늘날의 문제가 바로 이것이다. '선형 산업 도시(cité linéaire indus-trielle)'[30]의 출현으로 인해 변화된 현재의 길들은 실현될 필요가 있다. 빗길들은

시대의 상관없이 줄곧 있어 왔고, 그래서 숙명적이기도 하다. 실험 선형 도시는 빗

길들을 따라 펼쳐지며, 행정적 경계를 초월하여 육로, 철로, 수로와 함께 행정적 경계를

진다. 만일 이러한 지형학적 길들이 생산방식이나 생산품과 함께 행정적 경계를

벗어나게 된다면, 사회는 마땅히 관리되어야 하고 그에 필요한 행정이 펼쳐져야

한다. 물론 모든 것이 관리되기는 불가능하다. 세계화는 현 대에 일어난 엄청난 일

이지만, 특정 집단이 체계를 갖추게 하고 다른 체계로의 변화를 이끌어내는 데에

는 언제나 행정적 한계가 있기 마련이다. 무차별적 체계가 아니라, 세계화 계획에

부합하는 체계가 필요하다.

　　판단들 위해 설정된 경계는 진화한다. 예전에 파리의 경계를 짓는 축성(築

城)들이 있었다. 파리가 진화하면서 대여섯 개가 생겼으나, 1914년 일차세계대전

이 끝난 후에는 남아 있던 축성마저 철거되었다. 비행기의 출현으로 경계가 무의

미해졌기 때문이다. 길들이 넘나들게 되면서 땅에는 활력이 붙어넣어졌다. 지구

는 둥글고 연속적이다. 모든 것은 서로 가까이 붙어 있다. 사람이 별로 살지 않는

곳도 있고, 사람이 전혀 살지 않는 곳도 있다. 달에 가려고 애쓰지 말고, 이 땅을 사람이 살 수 있는 곳으로 만들어야 한다. 그렇지 않으면, 정치 사건으로 비화되어 엄청난 과정을 몰고 온 스타비스키(Stavisky) 사건 때처럼 여론이 들끓을 수밖에 없을 것이다.[31] 길을 내고 물을 대는 일은 현대사회를 문명화하는 작업이다. 이것은 아주 쉬운 방법이다. 땅 위를 날아 보면, 어디에 사람들이 사는지를 알게 될 뿐만 아니라 물은 없지만 아마아마하게 넓은 땅이 남아 있다는 사실도 알게 된다.

물이 없다고? 물이 오면 된다. 길이 없다고? 내면 된다….

1961년 감기에 걸려 며칠 쉬는 동안 나는 생디에에서 섬유 공장을 경영하는 장-자크 뒤발(Jean-Jacques Duval)에게 편지를 썼다.[32] "사장님께 '반박불가능한 설계(le graphique irrécusable)'에 관한 제 글을 처음 보내봅니다. 공장 경영은 사장님의 '성적' 이라고 부를 수 있습니다. 사장님의 부친께서는 야외용 양탄과 노인용 속옷을 만

27

들었습니다. 1961년에 외서 시장님은 신세대 청년 지주(zazous)[33]들이 선호하는 더
할 나위 없이 우아한 옷을 만들었습니다! 시장님이 만드는 양말은 한 편의 시입니
다. 스웨터나 마든 옷들도 마찬가지입니다. 시장님은 기계를 잘 지켜내셨으며, 직
원은 말할 것 없고 해정 업무와 회계 업무 또한 잘 지켜내셨습니다. 시장님은 모든
그럼을 체외한 그 어떤 것도 비꾸지 않았습니다. 시장님은 자신의 의지보다 사회적 진화
상황할 수 있었고 창조할 수 있었습니다. 제가 가진 문제도 마찬가지입니다.
를 위한 방향으로 공장을 탈바꿈시켰습니다. 제가 가진 문제도 마찬가지입니다.

사람들을 대표를 제외하고, 원자력을 개발하고, 반설억 정책을 꽤고, 전쟁 분위기
를 조장하고, 또 전쟁 방지를 위한 수많은 무기를 생산합니다. 신을 죽습니다! 원
쪽에 심자가를 그립니다. 오른쪽에 새로운 천신 합무들을 집습니다. 작업자, 고용
주, 사회 문제, 직업 절서, 신업 프로그램, 기계 자동을 위한 준비를, 지평선 위로
새롭게 등장하는 사회에 맞는 새로운 인력 등등..."

편지로 도시계획에 관한 나의 견해를 진했고, 그럼으로 표현된 내용을 진중
더 확실히 해 두고자 한다. 바로 이렇게.

29

'밧박불가도(反縛不可圖, le graphique irrécusable)' '변경불가선(變更不可線, la ligne irrécusable)' 혹은 '치료사의 종말(la fin du potard)'. 34

치료사는 감미롭고도 조그만 혁명, 즉 형제나 어머니 같은 혁명을 맞이하게 되었다. 그것은 모든 가정에 영향을 미쳐 중요한 개혁을 이루어 냈다. 새로운 사실, 아니 그 이상의 것이 기적처럼 생겨났다. 바로 장수(長壽)의 시대로 급격하게 접어드는 것이다. 이십팔 세에서 사십 세기까지 머물렀던 수명이 이제 우심팔 세에 이른다. '문명화' 치료법은 질병을 퇴치시켰고, 이십세기의 아주을 세롭게 탄생시켰다. 가정은 발자크(H. de Balzac)의 분위기로 전환됐다. 문명이 해 두고 싶은 것은.35 '형제'나 '어머니', 그리고 '친구…와 다름없는 질적 변화를 겪은 가정이다.

이론의 단골 소재인 '가정' 과 거주, 즉 가족, 작업, 휴식의 문제에 대해서 이야기해 보자. 나아가서 기계주의 문명에 따른 조화로운 토지 이용에 관한 나의 '세 가지 인간 정주지(trois établissements humains)'36 이론에 대해서 이야기해 보자.

모든 것이 이질 혼란스럽고 불확실하고 적대적이고 절투심 많고 사나웁고 투기적이고 돈을 탐내고 하엿에 들떼 있다. 이는 핵심적이고 내재적인 현상, 즉 평화의 실현에 대한 무지에 기인한다… 푹틴의 위협 속에서 공하한 말만 오간다. 호

무지초포(N. S. Khrushchyov), 마오쩌둥(毛澤東), 드골(de Gaulle), 엘리자베스(Elizabeth) 야왕, 케네디(J. F. Kennedy), 오늘 그들 이들뿐이다! 진실하고 정직하고 엄특하고 능력과 열정을 갖춘 '믿을 수 있는 사람들'이 많이 있다. 또 진선을 구축하고 적대적 대것을 일삼는 사람들도 있다. 상대방을 이해하기보다 죽이려는 편게 거린는 얼마든지 있다! 기게주의 문명의 토대 위에 선 우리는 우리의 정신, 우리의 의지, 우리의 무포, 우리의 이상을 지켜 나간 책임과 의무를 지난다. 어떤 사람들은 관용적이고 헌신적인 마음을 가지고 하나가 되고자 하고, 또 어떤 사람들은 무기와 폭탄과 대포를 갈고 만드 데 정렬을 쏟아 붓는다. 세계가 멸들어 간다! 세계가 죽치앉으려 한다! 머지않아 닥쳐 일들이다! 경쟁의 중점, 그렇게 되지 않을 이유가 없지 않은가!

30

나는 위안이 되는 것 하나를 품고 있다. 내 마음속에는 성실하게 할 일을 다해서 마음의 위안을 주는 정직한 당나귀가 들어 있다! 나는 펼쳐진 지평선 위로 태양이 뜨다는 사실을 알고 있다…. 엽화 하나를 떠올려 보자. 한 세기 전쯤의 어느 날, 파리에 있는 모든 집의 부엌에 가스가 설치되었다. …어느 날 아침, 사람들은 멀쩡하게 '살아서 깨어나' 있었다. 어떤 집에서도 사망자가 나오지 않았다. 시체를 치우러 길을 누비던 구급차도 다니지 않았다. 소방관들은 하루아침에 할 일이 없어져 버렸다. 어떻게 된 일인가. 저녁에 조리하려고 가스 꼭지를 열고 난다음, 아침에 커피를 끓일 시간이 될 때까지 제대로 잠가 뒀었기 때문이다…. 그런 일이 있고부터 아이들에게 가르친다. "절대 가스 꼭지를 건드리지 마라!"라고.[37]

소음과 군중으로부터 벗어난 나만의 은신처(왜냐하면 나는 스스로 당나귀라고 여기는 명상가였기 때문이다)에서 나는 오십 년 동안 '인간'과 그의 아내와 자

너를 연구했다. 어떤 실외광이 나를 강하게 움직였다. 가정을 설정할 수밖에 없었다. 말하자면 기술 설명으로 만든다는 것이다. 이렇게 생각하는 순간, 모든 것이 달라졌다. 집의 이주 조그만 부분도 함부로 가중하며 잠재적 행복을 표상한다고 말한다. 이 러한 규모와 목표를 가진다면 과거에 지어진 성당과 빨개모 가중을 위한 성당을 지을 수… 있을 것이다. 거기가 비로 어떤 자신의 사는 곳이기에 어떤 부분 중부 히 그렇게 할 수 있다. 십구세기와 이십세기에 건축 학위 및 면허 제도와 설립과 함께 건축에 관한 개념이 정의되었고, 보자르(Beaux-Arts)[38]는 통제와 감시의 대상 으로 변했다. 1940년 독일의 점령을 받을 때까지, 프랑스는 세분고 자유로운 정신 을 존중했기에 건축가에게 공식적으로 건축 학위 및 면허를 요구하지 않는 뮤일 한 국가였다. 프랑스는 개청의 나타났었고 법령의 나타났다… 비시(Vichy) 정부는 그때까지 의회가 거부해 온 건축 학위 및 면허 제도를 최우선적으로 법제화했다.[39] 대학교에서는 용도가 어떤지 상관 않고 아저도 궁전처럼 생긴 건물을 짓는 가 르친다. '기술 공간', '작업 공간', '휴식 공간' 등 공간상의 기능적 구분을 고려한 건 물을 짓도록 가르치지 않는다. '시 청사', '교회당', '역사(驛舍)' 등 프랑스에 많은 다양한 양식의 건물들이 지어졌다. 오늘새 역사의 경우, 프랑스 전체의 사분의 일에 해당하는 기차들이 지면에서 삼백오십 센티미터 아래의 지하로만 드나들고, 로마의 카라칼라 대욕장보다 큰 어마어마한 규모의 회랑이 차지하는 지상은 넓어야 니는 참새들에게나 안성맞춤이다. 근처에 전시를 하기 위해 지은 '그랑 팔레 (Grand Palais)' 역시 장대한 규모를 자랑한다. 거기서 무엇을 전시하느냐고? 남성과 여성을 위한 잡다한 물건들이다. 사람의 키로 가는 평균 일 미터 칠십 센티미터이지만, '그랑 팔레'는 무려 오십 미터 높이의 회랑을 가지고 있다!

육십일 년 전부터, 화장품들, 사십삼 센티미터 높이의 의자들, 칠십 센티미터 높이의 타자들이 거대한 규모 아래 끝도없이 놓여 전시되고 있다! 공룡으로 덮인 이러한 공간은 전시장으로서는 치명적이다. 회화작품의 적이며, 조각작품의 적이다. 육십일 년 전부터 일 년에 몇 번씩 전시에 막대한 비용이 들어간다. 어마어마한 돈을 허비하는 셈이다! 영구 계약에 묶여 어쩔 수 없이 반복되고 있다. 상상할 수도 없는 실패에도 불구하고, 또 육십 년 동안 쌓여 온 실패의 교훈에도 불구하고, 잘못은 고쳐질 줄 모른다. 라 데팡스(La Défense)에 '콩코르드 광장을 한 배에 담을 수 있는' 어마어마한 규모의 공룡을 만든다고 한다. 정말 당황스럽다. 파리에 콩코르드 광장이 있는데 말이다! 라 데팡스는 여기에서 이 킬로미터나 떨어

33

져 있다. 그 아래에 화장품들, 사십산 센터미터 높이의 의자들, 철십 센터미터 높
이의 탁자들 정도가 놓일 이러한 공룡에는 인제나 '세계 최대'라는 수식어가 따라
다닌다. 마법의 단어이다! 자동차와 보행자들이 이곳까지 올 수가 없다. 그렇게 하
려면 지하철을 연장해야 하고, 높이 교(Pont de Neuilly)를 확장해야 하고, 더 대광
스 방향으로 곧장 뻗어가는 '승리의 거리(Avenue Triomphale)'를 부둥신 개발 노티
에 따라 정비해야 한다.

튈르티 공원(Jardin des Tuileries)에서 시작하여 콩코르드 광장의 오벨리스크를
지나 개선문에 이르는 이 길은 이미 교통 체증이 걷잡을 수 없는 지경에 이르렀다.
그 때문에 뱅쌔 루브르(Louvre), 생-제르맹-록세루아(Saint-Germain-l'Auxerrois), 과
리 시청을 이어 주는 원대한 지하도에 관한 말이 나오는 실정이다.[40] 땅 아래로 다
널 궁리만 하고 있다. '원대한'이라는 단어가 이처럼 비극적으로 사용된 적이 또
있었을까.

파리를 위해 '원대'의 건축이 하는 일이란 고작 이런 것들이다.

장소와 공간에 관심을 두는 노력을 기울여야 한다. 이는 '건설자(construc-teur)'로서의 노력이다. 건설자는 분명히 죽조 예술을 위해 양손, 즉 공학자의 일손과 건축가의 오른손 사이를 부지런한 대화를 통해서 진중하게 연결시키는 새로운 직업이다.[41]

집이 가족의 보금자리로 될 기회가 사라지고 말았다. 사람들은 도벽이 수단으로 임대용 주택을 만들었고, 이것은 건축의 개념을 위태롭게 한다. 왜냐하면 거부할 수 없는 '자연 조건'인 태양의 법칙에 따라 거주와 작업과 여가를 위한 장소와 공간을 창조한다는, 건축에서의 분명한 정의가 흔들리고 있기 때문이다. 태양으로 인해 영원히 반복되는 낮과 밤의 변화는 인간 행동에 큰 영향을 미친다. 그런데 태양(적으로 여기는 친구로 여기든)이 심각하게 고려되지 않고 있다. 미국인들은 구체적인 건물을 지으면서 태양에 관해 뒤늦게 눈을 뜨긴 했으나 '태양 제어 장치(contrôle du soleil)'를 제대로 고려하지 않아서, 건물 전체가 유리로 덮였다.

뉴욕은 나폴리와 동일한 위도에 위치해 있다. 따라서 전면이 유리창인 건물은 이탈리아에서와 같은 정도의 강한 태양 광선을 그대로 받아들인다. 낮잠을 자기에 더없이 좋은 환경이 조성되는 것이다…. '공기 조절 장치'가 마련되었으나 알다시피 냉각 시설은 엄청나게 비싸다. 이런다고 열기가 만족스럽게 줄어들었는가. 열기가 너무 지나쳐 정신을 힘들게 한다. 이러한 전면 유리창에 '장막벽(murs-rideaux)'[42]이라는 그럴듯한 이름이 붙여졌다. 유행의 첨단을 걷는 도시, 파리. 파리에도 장막벽으로 된 건물이 있고 이를 이용하는 사람들에게는 진실한 모험이 기대되고 있다. 터무니없는 고집 때문에 일어난 일이다! 태양은 이제 건축가의 적이 되어 버리고 말았다.

정신을 송두리째 앗아 갔던 두 차례의 세계대전을 겪으면서 모든 것이 이와 같이 혼란스러워졌다! 제멋대로가 판을 치고 무분별과 부조리가 넘쳐난다. 도시 팽창은 극에 다다랐다. 재앙이 따로 없다. 뉴욕 인구는 천만 명이고, 런던 인구는 천만 명이며, 모스크바 인구는 오백만 명이다…. 영광스럽게도 파리 인구는 1961년 현재 팔백만 명에 도달했다! 그냥 내버려 둔 결과 이 지경에 이르게 되었다…. 경종을 울렸으나 아무도 귀 기울이지 않았다!

백 년 전 산업혁명이 일어났고 기계시대가 출현했다. 사람들은 또 다른 문명

이 도래했으며 새로운 사회가 탄생한 사실을 알지 못했다. 이 문명을 저주나 불행

으로 생각한 사람들에게 기계란 도을 버는 수단에 지나지 않았다. 사업주나 작업

자 할 것 없이 이러한 도을 버는 물쓸 기계에 한 세기 동안 얽매여 있었고, 착취와

탄압, 그리고 반란이 일어났다! 폭력의 세기를 지내면서 법규 조정, 작업 조건 개

선, 작업 정당성 규약 등이 논의되었다. 즐겁게 일하는 날이 오길 바라며.

동그란 지구에는 오랫동안 두 가지의 인간 정주지가 존재해 왔다. 첫번째는

'농경지(Unité d'Exploitation Agricole)'[43]로, 말과 소의 다리와 걸음에 의해서 결정

되는 인간 정주지이고, 두번째는 '교역을 위한 방사형 도시(Ville Radio-concentrique

des Echanges)'[44]로, 두 개의 길, 네 개의 길이 만나면서 거래가 이루어지는 장소, 즉

소비에 필요한 장사, 지식 습득에 필요한 학교와 대학, 지위와 행정에 필요한 통

치가 이루어지는, 말하자면 교환에 의해서 결정되는 인간 정주지이다.

현대의 작업 공간은 밀집 지역 또는 그 주변에서 어무렇게나 생겨나고 있다.

주거 공간과 작업 공간과의 거리가 조직적이지 못하고 일관히 임의적으로 정해지

게 되었기 때문에, 밀집 지역은 하루 스물네 시간 내내 신한 몸살을 앓는다.

37

기차, 버스, 자전거, 오토바이, 자동차 등의 등장과 함께 사람들은 비교 위에서 생활하기 시작했다. 그러나 태양은 변함없이 스물네 시간 동안서 하루를 낮과 밤으로 나눈다. 밀집 지역의 혼란은 엄청난 비용을 발생시킨다. 현대의 낭비가 아닐 수 없다.*

누군가가 외친다. "이것은 전반적 재앙이다. 이제부터 산업을 분산시켜야 한다." 그러나 이것은 적절한 해결책이 아니다.

오히려 이렇게 외쳐야 한다. "산업을 국지화(局地化)하자!(Il faut localiser l'in-dustrie.)"[45] 국지화라는 용어의 의미를 세계야 할 필요가 있다.

전 세계의 국가와 기후를 면밀히 검토하면서 기계주의 문명과 함께 제기된 여러 가지 문제들을 연구한 끝에, 나는 산업으로 아기된 새로운 인간 정주지, 즉 산업 도시가 아직 존재하지 않는다는 사실을 발견하기에 이르렀다. 그 순간의 기쁨은 미처 감각기 등장한 비행협정시나 스푸트니크 우주선을 보고 놀라워했던 때와 마찬가지였다. 바로 '집약 산업 도시'가 세미제의 인간 정주지이다. 이것은 완전히 국민적 차이가 있긴 하지만, 훌륭한 의지를 가진 개혁자들에게 주어진 문제들

*미국의 좋은 예이다. Quand les cathédrales étaient blanches, chez Plon, 1936.

38

을 해결하기 위한 확실한 형태이다.

'산업 도시'(Cité Industrielle)는 '선형'(linéaire)이다. 수로와 육로와 철로 등의 길들로 구성되는 선형 산업 도시에 원자재가 들어오고 여기에서 완제품이 나간 다. 세 가지 길은 공통적으로 지형에 의해 운명이 결정된다. 예를 들어, 물은 산에서 출발하여 경사에 따라 줄기나 넓은 계곡을 지나 평원을 가쳐 바다로 흘러든다. 수로가 지형에 의해 자연스럽게 결정되는 것이다. 수로뿐만 아니라 육로와 철로의 경우도 지형을 따르기는 마찬가지이다.

현대에 화물 운송을 위한 중대한 혁신이 일어났다. 바로 '환적(換積, transbordement)'의 경우이다. 화물 운송은 지금까지 수로와 육로와 철로의 개별적 '분적(分積, embranchement)'을 통해서 이루어져 있었다.[46] 철로를 통한 운송을 살펴보면 잘 일 수 있는데, 분적에는 평평한 지면이 요구되고 때때로 엄청난 넓이의 지면이 필요하기도 하다. 그 때문에 대도시 조차장(操車場)에서의 혼잡도는 이루 말할 수 없이 크다. 이제 환적이 분적을 대체했다. 세 가지 길인, 수로, 육로, 철로 위에 수직으로 세워진 기중기가 혁신적으로 환적을 가능하게 만드는 것이다. 이는 확실한 문제 해결의 보기이다.

'변경불가신'
'빈박불가도'

그래서 나는 이런 그림을 그린다.

가운데에 수직으로 그은 하나의 선. 그 왼쪽을 검게 칠하고 이때로 향하는 화살표를 그려 넣는다. 여기에는 핵전쟁과도 같은 재앙이 있을 뿐이다. (핵은 모든 것을 파괴할 것이다. 핵을 지지하던 사람들까지도.)

그 오른쪽에는 '세 가지 인간 정주지'의 운명을 짊어지면서 빛을 향해 솟구치는 화살표를 그려 넣는다.

책 두 권이 출간되었다. 하나는 '세 가지 인간 정주지'라는 제목으로, '건축 개혁을 위한 건설자 협회(ASCORAL)'[47] (이자세계대전 중에 결성되었으며 열한 개이 연구 분과가 있다)에서 펴낸 책이다.* 삼 년 동안 빛을 보지 못하다가 마침내 자그마한 크기로 세상에 나오게 되었다. 1.5톤의 종이를 들여 유첸 권이 만들어졌고 얼마 지나지 않아 완전히 동이 났다. 다른 하나는 십이 년이 지난 1959년 10월에 장 프티(Jean Petit)가 명료한 도판을 많이 추가하여 다시 책을 펴냈다.**

많은 것들이 지어지고, 많은 것들이 만들어졌다. 필요한 프로그램들이 잘 정착되었으며, '직업 구조 조정(reconversion du travail)'으로 말미암아 해무장과 심업이 문제를 해결하는 데에 진전이 있었다. 기계주의 문명에 알맞게 이루어진 직업 구조 조정이 사람들에게 행복을 가져다주었던 것이다.

* Urbanisme des CIAM-ASCORAL, sections 5a et 5b, *Une civilisation du travail: les trois établissements humains*, Denoël, 1945.

** *L'Urbanisme des trois établissements humains*, Cahiers Forces vives, aux Éd. de Minuit, 1959.

dernier mois

지나간 것(derrière nous)

devant nous

다가올 것 (devant nous)

1 ◎ nourrir

1 공급 (nourrir)

2 ✳ distribuer

2 운반 (distribuer)

3 ☰ produire

3 생산 (produire)

les 3 Etablissements Humains

세 가지 인간 정주지 (les 3 établissements humains)

법정불가시선 (la ligne irrécusable)

아주 우연히 알게 된 사진 때문에 나는 이 글을 쓰기 시작했다. 처음 사진의 중

말을 가져온 동료에게서이며 모성에서인 약학(藥學)의 학명이 그것이다. 플라스틱

은 새롭게 발명된 재료로 처음에는 우스꽝스럽고 유치하기 짝이 없는 어린이의 장

난감을 만드는 데에 쓰였다. 그러나 현대 약학에서는 플라스틱을 이용해 건강에

필요한 물건들을 만들어서 인간의 수명을 늘려 세 이상까지 연장시키는 성과를 이

루어 냈다.[48] 보험제도가 최초로 확립되었고 제총을 만들고 어느 누구에게나 해

택이 돌아갈 수 있게 되었다. 의학도 이제 그 위상이 크게 달라져서 대중에게 봉사

하는 전문 분야가 되었다… 정환, 청결, 효율 등에 의해 정해지는 약의 복용 역시

사람만큼이나 지성스러운 일이 되었다. 이처럼 새롭게 탄생한 산업이 사회적 현

안으로 정착되었으며, 이를 주도한 인물들은 현대사회의 역동적 변화라는 사진을

이끌어 냈다…

다시 '세 가지 인간 정주지' 이론으로 풀어가자. 중탕이 배치된 국경, 사회적

증오, 계층적 증오, 경쟁의 광기, 이 모두는 바로 '삶을 위한 투쟁(Struggle for life)'과 '시간이 돈이다(Time is money)'\' 등과 같은 부끄러운 말들이 난무하는 도벌이, 즉 사업 때문에 생겨났다. 해부장을 중단하자. 지구 위에 올바른 인간 정주지를 정착시키자. 첫번째는 소와 말의 의존에서 벗어나 트랙터를 이용하게 된 '농경지' 이다. 여기에는 절박한 내재적 혁신이 있었다. 두번째, '교역을 위한 방사형 도시'는 현대에 심각한 도시 괭창을 일으켰고, 대탈출의 해법은 '선형 산업 도시'에서 찾게 되었다. '선형 도시' 라는 세번째의 인간 정주지는 갈등에 맞서며 증오와 이기주의를 불식시킨다. 무궁무진한 잠재력을 지닌 현대 도시를 앞에 두고 우리는 과연 무엇을 할 것인가! 희망이 없는 밤을 보여 주는 그림(p.42)과 안전히 자유로운 행동, 광대한 프로그램, 현대사회를 위한 무한정의 해법, 말하자면 기쁨을 주는 주거(거주 공간), 친환경 녹색 공장(작업 공간), 육체와 정신을 위한 여가(휴식 공간), 그리고 이동 동선을 보여 주는 그림(p.43), 두 가지 그림 중에서 선택만이 남았다!

선형 산업 도시의 선택은 정신 나간 짓이 아니다. 전혀, 그렇지 않다! 근대건축국제회의(CIAM)가 1933년에 제정한 '아테네 헌장(Charre d'Athène)' 이 이미 이

45

것을 보여 준 바 있다.[49] 1928년부터 1959년까지 산실 내 남게 존속했던 '근대건축 국제회의'는 현대 세계에서 중립하고 공정하고 끄럽기고 세심하고 창조적인 도시 계획 연구의 근간이 되었는데, 그 가치는 바로 중심성에 있다!(sa valeur c'est la loyaute!)

도시계획은 인간을 위한 중립하고 창조적인 연구 분야이다. 그렇다… 나비 된 있을 수 없다. 사소한 이기심과 지절구래한 일에 매달리지 말아야 한다. 살을 일어내고 싶을 때르란느 노력을 기울여야 한다. 하나의 생각이 얼려지기 위해서 는 이십 년이 걸린는 법이고, 꽹기를 가져 이해되기까지는 산실 내를 기다려야 하며, 오십 년이 지나서야 적용되어 진화의 과정에 들어서게 된다. 죽고 난 다음에 는 아무 소용이 없다. 이미 너무 늦었고, 모든 것을 다시 시작해야 한다. 유용한 결 정을 내리지 못하고 어째서 불행과 괴로움 맞으려고 하는가.

나는 오십 년 동안 주거를 연구하는 데에 헌신해 왔다. 나는 가족과 가정을 생활의 전당으로 되돌려 놓았다. 나는 사람들의 삶에서 본질적 조건을 수립했다. 이러한 시도들은 '세브르가 삼십오 번지'의 내 사무실에서 열정과 확신을 가지고 성실히 작업했던 젊은 건축가들의 눈부신 도움이 없었다면 결코 성공하지 못했을 것이다.[50] 나는 그들 모두에게 감사한다. 아마도 내 사무실을 거쳐 간 그룹 중의 몇몇은 풍성한 열매를 맺게 하는 씨앗이 되리라. 그리고 인제가 가끔은 그룹이 "스스로의 양심에 따라 작업해야 한다… 인간성의 원동력은 바로 이것이다…"라고 말했던 나를 기억해 줄 수 있겠지.

폴란드 바르샤바 출신으로 내 사무실에 있었던 졸탄(J. Soltan)[51]이 1954년(날짜는 적혀 있지 않았다) 작은 위안을 주는 편지 한 통을 보내왔다. "지르스베르게(Girsberger)가 편찬한 선생님의 최근 작품집을 구하게 되었습니다.[52] 지금 바르샤바에는 한 권밖에 없는 책이어서 몇 시간을 들여 겨우 손에 넣을 수가 있었지요. 선생님께서도 잘 알고 계시겠지만, 동유럽에서는 선생님을 '형식주의', 구축주의'[53]라고 비난합니다. 물론 터무니없습니다. 선생님의 최근 작품을 눈으로 보게 되었는데, 거기에는 엄청나게 중요한 내용과 주제가 다루어지고 있기 때문입니다. 인도 철학자크르의 '열린 손(La main ouverte)'54이 바로 그것입니다.

"현대적 건수성과 무의식을 탐험하게 만드는 이런한 시적(詩的) 건수성으로

인해 선생님의 작품들은 그야말로 조형의 수준을 초월하여 장대하고 비범한 미적

가치를 지니게 됩니다. (작품들은 실로 위대합니다.) 선생님을 향한 서주의로 비난

하는 것은 정말 우습습니다. 아니 비극입니다! 이렇게 비난을 일삼는 사람들이 수

많은 걸림돌을 짓고는 있습니다만, 과연 어떻게 하고 있습니까? 비극이 바로 없

습니다! 개인적으로 확신합니다. 미래의 사회와 정치에서는 선생님의 생각이 전

세계적으로 승리를 거둘 것입니다. 틀림없이 견고한 사회적 토대가 되는 주장으

로 받아들여질 것입니다."

"미래에는 르 코르뷔지에의 생각이 반드시 승리할 것입니다. 하지만 그 미래

는 언제가 될까요? 인간의 생명이 다하기 전일까요? 말하자면, 제가 살아 있을

동안 말입니다."

"조만간 선생님을 찾아뵙고 제가 해결할 수 없는 문제를 상의 드릴 기회가 있

을까요? 예술작품을 소비자의 관점에서, 상업적으로 바라보는 '동아럼'의 문제는

심각합니다. 무슨 일에서든 항상 대중을 앞세우니 말입니다. 선생님께서는 해결

48

방법을 분명히 알고 계실 것입니다… 그렇지만 이와 같이 생각하는 사람들이 너무 많습니다…. 존경하는 르 코르뷔지에 선생님. 언제나 선생님밖에 모른다고 가까운 친구들이 저를 놀려댑니다. 사실 틀린 말도 아닙니다…."

콜탄의 말에서 나는 내 노력이 완전히 헛되지 않았다는 희망을 발견했다.

나는 콜탄과 다른 모든 사람들에게 말할 수 있다. 인간적 결속은 전체가 일관성을 유지하는 하나의 건축물과 다르지 않지만, 그 안에는 필연적으로 온갖 종류의 이해관계들을 가진 사람들이 있기 마련이다. 어떤 사람은 어둠을, 다른 어떤 사람은 빛을 가져다 준다. 빛은 사랑과 우정과 박애를, 어둠은 물질과 이기주의를 표현한다. 빛이 어둠과 얼마나 떨어져 있느냐에 따라 이기주의 혹은 이타주의가 변화한다.

'열린 손'은 정치적 상징도 아니고 정치인의 창조물도 아니다. 그것은 건축가의 창조물이며 건축이 가른 결실이다. '열린 손'에는 특별한 인간에게 깃들어 있다. 창조를 위해서는 물리학, 화학, 생물학, 윤리학, 미학의 법칙들이 필요하고, 이모두는 한곳에 모인다. 바로 집과 마을이다. 정치와는 달리, 건축가의 방정식에는 물리학, 화학, 재료역학, 중력법칙, 생물학 등이 망라되어 있으며, 이런 것들을 생

49

가하지 않는다면 그 어떤 것이든 판가치고, 깨지고, 죽지앉게 되어 있다. 밝아오

르듯이 그렇지 않든지, 굳바로 절판이 나는 비행기와 마천가지다. 빠리서 우리는

인간과 물질의 관계에서 발생하는 문제가 아무리 복잡하다고 하다라도 해결하지

못할 문제가 아인 앖으며 모든 것들이 해소될 수 있다는 사실을 깨달아야 한다. 신

남을 가지고 문제를 탐구하면서, 모든 물질, 기술, 생각을 함께 손을 열어야 한다.

민중할 수 있고, 행복할 수 있다. 돈을 들이지 않고도, 내 말이 맞지 않은가.[55]

찬다가르의 계획된 '열린 손'은 평화와 화합의 상징이다. 이것은 오래전부터

나의 잠재의식 속에 자리잡고 있었고, 이제 조화의 증거로서 실천되어야 할 때가

되었다. 전쟁은 앖어져야 하며, 사람의 삶을 위해서 냉전이 종식되어야 한다. 평

화를 위한 노력이 경주되고 신로되어야 한다. 서로 마주하는 두 개의 함, 신과 아

이 존재한다. 악이 팽배한 기운데서도 1965년 현재, 세계는 평화를 위한 발걸음을

옮기기 시작했다. 아직 늦지 않았다. 무기를 듣지 말고 평화를 준비하자. 풍성한

창조의 기운을 받아들여 온 세상 사람들에게 나누어 주는 '열린 손'은 우리 시대

의 상징이 되어야 한다. 머지앉아 하늘의 별들과 함께 있게 되겠지만, 히말라야를

배경 삼아 찬다가르의 지평선 위로 우뚝 선 채도, 나의 긴 여정을 통해 이루어진

하나의 사실로서 기록될 '열린 손'을 내 눈으로 직접 보게 된다면 그보다 더 큰 행복이 있을까. 앙드레 말로(André Malraux) 장관님,[56] 동료 및 친구 여러분께 간청합니다. 간디의 제자 네루(J. Nehru)가 만들고자 했던 도시, 찬디가르의 하늘 아래에 '열린 손'이 실현될 수 있도록 도와주시기를.

장 프티는 르 코르뷔지에에 관한 작은 책들을 만들려는 생각으로 나에게 이 편지런 이야기들을 자세히 물었다.[57] 나는 말하기를 좋아하지 않는다. 그러나 일단 입을 열기 시작하면 기자들은 내 말을 듣고만 있어야 한다. 카담이 들어야 할 내용들을 까내 놓는 일은 의미가 있다. 언젠가 키가 크고 몸이 퉁퉁한 거구의 한 기자를 만난 적이 있다.

"르 코르뷔지에 선생님. 선생님의 말씀을 새로 누취하기 위해서 찾아뵈었습니다."

"이 집에 이미 누전이 했었다는 뜻인가요?"

"예, 몇 번 집에 한 번 했었습니다…"

"얼마 동안이나 했었지요?"

"아니, 절대 그랬지 않습니다. 순식해 주시겠습니까?"

"그럴지다. 그러나 누전 도중에 어떠한 연금도, 어떠한 질문도 있어서는 안 됩니다."

"집행을 위해 잠깐이라도…"

"아니요, 그런다간 가분에 있는 내로의 대답이 되기 십상입니다.[58]

최근 누가 에정을 해 보라고 이 멀리미터 누께의 동원을 나에게 갖다 주었다. 에정에 필요한 조각도는 남카로운 도구이다. 열네 살 때 나는 잠깐 조각도를 잡아본 적이 있다. 팔의 힘과 손목의 유연성에 의지해서 예리한 흡을 괴낸다. 원쪽으로부터 오른쪽으로 빗어나가지 않게 앞으로만 큰바로 밀어야 한다. 조각도를 잘 잡아 왼쪽으로부터 이것을 통해서 선명하고 진심하고 정직한 선을 살겨 됐다고 했 절 쓰는 어떤 분은 이것을 모든 것이 있다. 응시는 인간으로서의 자격 요건이다. 응시되고, 응시하는 데에 모든 것이 있다. 타인들에게 자신을 보여 주고 드러내는 사람들은 오직 그들의 반응에 따라서

52

행동하기 마련이고, 이러한 가운데 다른 인간적 측면을 느낌으로써 고귀한 '시인'

으로 성장한다. 그들은 끊임없이 스스로를 재정립한다. 건축가라는 소명의식을

가진 우리는 작업을 함으로써 정체성을 발견한다. 작업을 위한 간단하고 진실한

원동력, 이것은 물질과 상상과 발명과 용기, 그리고 위험으로부터 분출되어야 하

는 힘이다.[59] 위험 없이는 강해질 수 없다. 우리의 존재, 우리의 정신, 우리의 재

산, 우리의 가족, 우리의 처지, 이 모두는 항상 위험을 안고 있다. 구속적 장애물,

법적 규제, 무자비한 아침, 사업가들의 숙임수를 제외하면 우리는 그 누구도 그 무

엇도 원망하지 않는다. 우리는 언제나 투쟁을 하면서 산다. 우리 자신이나, 우리

의 태도나, 우리의 인상에 관해 생각하지 않는다. 우리 앞에 있는 것은 다름 아닌

우리의 작품이다. 작품은 단편의 시도도, 자유분방한 연구으로도, 독설 가득한 문

집으로도, 플로르 카페나 라 로통드 레스토랑에서의 논쟁으로도 담아지지 않는

다. 게우 비 중이 몇 장을 메우는 정도가 아니라 대중의 영역에 당당히 서는 작품

이 탄생하려면, 한 해, 두 해, 다섯 해 이상의 시간을 들여야 한다. 모든 것에는 책

임과 신중과 주의가 요구된다. 작업은 천천히, 천천히, 매우 천천히 점진적으로

이루어져야 한다. 그리고 작품에의 충동은 쉽게 쉬지 않고 물리 법칙과 지식 범주을 두

드넓은 만큼 생동적이어야 한다. 판에 박은 습관에 대해서 지킬 줄 모르게 코웃음으로 "아니야!"라고 외쳐야 한다.

어떤 사람은 규율을 신의 후광처럼 휘날리며 그에게까지의 모든 것을 무시하고 아무렇게나 주저 없이 "젠장!"이라고 막말을 해대는 정부자와 같은 태도를 보인다. 또 어떤 사람은, 정부하든지 반대로 정부되든지 상관없이, 숙명을 받아들이기나 하늘의 계시를 기다리지 않고, 규율은 아니지만 뱃말이 되도록 매일매일 꼭꼭 기계할 일을 하고 모험을 감행하면서 위태로운 상황에 기꺼이 몸을 맡기는 태도를 보인다. 교훈이 있다. 유혹해서 가는 장사와 불리해서 가는 신사. 창조적 의지를 지닌 여러분, 어떤 일을 하든지 주저하지 말고 당당하게 펼쳐 나가길 바란다. 꼭 그렇게 해야 한다. 아니면 비난받을 것이다.

나는 여기서 세르반테스(M. de Cervantes)와 라블레(F. Rabelais)에게 감사해야

한다.60 「랑만치의 도기호테」에는 전투를 마다하지 않았던 한 인간에 대한 아름다

운 해석이 놓아 있다. 주인공인 도기호테와 산초 판사, 그리고 다른 등장인물들의

삶이 잘 드러나는 것은 물론이다. 소설에 빼개를 수도 있고, 진혀 판심을 갖지 않

을 수도 있다. 도기호테와 판사는 줄기차게 나가고 들어오는 파도처럼 끄질긴 인

물들이다. 그들을 통해서 우리는 신뢰(confiance), 신념(foi), 애정(amour), 헌신

(don), 만발(épanouissement), 개화(floraison), 황홀(extase) 등 낙관주의적으로 묘사

되는 인간-성과 함께, 정신의 변혁 들드록 굶을 내려치는 일격의 주먹처럼 관점을

수 없이 가장 확실하게 수줍으로 주찰하는 인간성을 만나게 된다. 판사는

고경에 처했더라도 항상 살아남으며 먹을 생각만 한다. 인제나 그가 옳다. 그는 수

용하고 제안하고 노의해서 타협으로 이끔을 안다. 그에게는 인제나 운이 따른다.

진실에 기대어 있기 때문이다. 라블레의 소설에 나오는 팡타그뤼엘의 친구 파뉘

르주와 수도사 장, 그들은 에이를 처리지 않고 안하무인(眼下無人)으로 토론하고

비판하기를 일삼지만 모든 것을 가장 협명한 경지에 올려놓으며, 웃음이 제설로

나오는 험한 말을 가리낌 없이 내뱉지만 결국 최고도로 고상한 말이 되도록 만든다.

메르드(merde), 메르드!… 브라케트 예 발르통(braguette et balletron) ,61 여신처럼

이름다운 정녀, 죽정뱅이와 뉴대인간, 호메로스(Homeros)와 플리니우스(Plinius),

지혜구태한 일, 떼뿔이는 말, 왁자지껄한 싸움 소리, 작은 칼, 이 모든 것에 왐매

이지 않는 호메로스 풍의 묘현으로 인해 이토한 상황에서 벗어나 마침내 웃게 된

다! 리블레 그리고 세르반테스, 두 분께 감사한다.

만남이 있고, 철준적 사실들의 항구성이 있고, 절충이 있고… 그래서 말라르

메(S. Mallarmé)가 말한다.

"엘빼진 인간의 무리 위에

창공을 구경하는 자들 그 빛은 우리의 결을 빠고도

그 아홉의 갈기는 번쩍이며 춤구치고 있었네."62

요즈음 나는 1911년에 썼던 '동방여행(Le voyage d'Orient)'의 출판을 준비 중

이다.63 세브르 가 산넘오 빈지 사무실에서 함께 일했던 토비토(A. Tobito)가 베네

수엘라에서 냇게세 가의 내 집을 방문했고, 굳이어 장 포티가 '동방여행' 원고를 들고 나타났었다.[64] 우리는 다 같이 파스티스를 마시면서 많은 이야기를 나누었었다.

나는 동방여행을 했던 시절의 사를-에두아르 잔느레(Charles-Édouard Jeanneret)와 현재의 르 코르뷔지에 사이에는 사고방식에서 조금도 차이가 없다고 그 두 사람들에게 말했던 기억이 난다.[65] 모든 것은 인내와 작업과 용기에 달려 있다. 하늘이 주는 영광의 표식은 없다. 그러나 용기는 내적인 힘이고, 그것만이 인간의 존재를 규정할 수 있다. 토비토를 다시 볼 수 있어서 기뻤고, 그가 꾸준히 하나의 길을 가는 민으적한 사람임을 알았기에 더욱 기뻤다. 우리 셋이 헤어질 때 나는 내면에 다시 오겠다고 한 토비토에게 말했다. "물론이지, 파리에서는 혹은 다른 별에서 는…" 그리고 나 자신에게 말했다. "그래, 아마도 사람들은 이따금씩 르 코르뷔지에에 대해 좋은 생각을 떠올려 주겠지."

혼자 남은 나는 「요한계시록」의 멋진 구절을 생각했었다. "하늘이 반시(半時)쯤 고요하더니…"[66]

그렇다. 전해지는 것은 사유뿐이다. 노력의 고결한 결실인 사유. 사유는 죽음을 넘어 운명에 승리를 거두고, 다른 미지의 차원으로 이끈다.

57

정치인들은 지지받기 위해 온갖 수단을 다 써 가며 사람들의 약점을 이용한다. 힘없는 사람들과 우유부단한 사람들, 그리고 저녁을 사람들은 그들의 만만한 공략 대상이다. 그러나 삶은 정해진 대로 또다시 태어난다. 삶은 초원과 가축에 깃들어 있기도 하고, 버려진 대지에 있기도 하고, 팽창하기를 멈추지 않는 도시에 있기도 하고, 자연 속에 있기도 하고, 열정이 가득한 공장에 있기도 하다. 변함없는 일상이나 무감각한 태도에는 삶이 없다.

인간을 재발견해야 한다. 생명과 자연과 우주의 기본 법칙이 서로 정확히 만나게 되는 곳은 선을 재발견해야 한다. 바다의 수평선과 길이 절대 깨어지지 않는 것처럼.

전문가 역시 바다의 수평선처럼 깨어지지 않아야 하며, 변화무쌍한 세상의 틈바구니에서 기준이 되는 척도여야 한다. 이것이 전문가의 사회적 역할이다. 이 역할은 통찰력을 요구한다. 후학들은 전문가의 정신과 직관을 이어받으면서 비로소 성장했다. 교훈이 있다. 명성을 구하려고만 하지 말고, 자신에게 의지하면서 자신의 양심에 따라 반응하라. 반응하고, 시도하고, 구현하는 데에 영웅이 따로 있을 수 없다.

이러한 모든 것들은 그 끝을 알지 못한 채 현기증처럼 아득하게 아득하게 사라지는 삶을 사는 동안 서서히 내 머릿속에서 자라났고 만들어졌다.[67]

1965년 7월, 파리에서

옮긴이의 주(註)

1. 원서에서는 누구의 글인지 밝혀 놓지 않았지만, 발행인이 장 프티(Jean Petit)의 연보으로 보인다.

2. 르 코르뷔지에는 건축 작업에서 사유의 중요성을 언제나 고지 한다. 이 문장의 입부는 르 코르뷔지에의 『작품집 제8권 1965-1969』 168-172쪽에 실린 글이 제목으로 사용되었다.

3. 말하자면 어떠한 일을 포부를 가지고, 개입해서, 추진하면서, 발사체를 공중으로 쏘아 올릴 때처럼 빛점을 품고 방아쇠를 당겨 불꽃을 일으켜 할 순간적으로 하나로 모으는 응집의 과정이 있어야 가능하다는 의미이다.

4. 프랑스어로 하루를 'jour(주르)', 일간신문 또는 방송의 뉴스를 'journal(주르날)'이라고 한다. 'journalism(저널리즘)', 즉 언론의 어원이 무엇인지 금방 알 수 있다.

5. 헨리 밀러(1891-1980)는 저서진, 철학적 명상, 사회 비판이 혼합된 새로운 종류의 소설을 쓴 작가이자 화가이다. 1930년부터 십여 년간 파리에서 거주했으며, 그 기간 중에 자신의 처녀작이자 대표작인 『북회귀선』을 출간했다. 이 책은 1934년 파리에서 발간되자마자 선풍적인 성공을 거두었던 반면, 영어권 국가에서는 외설성 때문에 발간이 금지되었다가 1961년에야 출판되었다. 본문에서 인용된 부분은 『북회귀선(Tropic of Cancer)』에서 발췌한 문장(One must burrow into life again in order to put on flesh)으로, 르 코르뷔지에의 개인 서재에서 그가 이 책의 여러 곳에 남긴 밑줄과 메모를 발견할 수 있다.

6. "dans la vie, il faut faire."

7. 특히 지속(continuité)은 '중단 없는 노력'이라는 뜻으로 쓰였다.

8. 스위스의 라 쇼드퐁(La Chaux-de-Fonds)에서 태어난 르 코르뷔지에는 1917년 고향을 떠나 파리로 이주하기 전까지 나무, 돌, 벽돌과 같은 지역의 재료를 사용해서 여러 가지 용도의 건물을 설

제해 건축했다. 1905년 완성된 팔레 저택(Villa Fallet)은 그의 첫 작품으로, 기와를 얹은 경사 지붕, 대칭적 구도의 외관, 아르 누보(Art Nouveau) 양식의 문양능 이 작품의 지역주의적 특징을 잘 보여 준다. 화화적 형상에 의존하지 않고 건축에 필요한 물질을 직접 경험하면서 획득된 그의 지식은 전통과 관습에 얽매이지 않는 새로운 건축을 창조했을 뿐만 아니라, 이를 근대건축 운동으로 발전시켜 나가는 데 중요한 이론적 토대가 되었다.

9. 모리스 자르도는 프랑스 부동부 벨포르 근처의 소도시 이베트 출신으로, 문화체국가 같은 국가기관에 종사하면서 당시 근대예술 수집가이자 중개상인 다니엘-헨리 칸바일러와 협력했고, 조르주 브라크, 페르낭 레제, 르 코르뷔지에, 파블로 피카소 등의 회화를 수집했다. 그는 르 코르뷔지에와 서신을 교환하면서 오랜 기간 우정을 나누었다.

10. 이차세계대전이 끝난 1945년, 프랑스 정부는 국민의 주택난을 극복하기 위해 공동주거 건설 계획을 세우고, 근대건축에 개방적 태도를 가지고 있던 재건부 장관에 르 코르뷔지에에게 설계를 의뢰한다. 마르세유의 위니떼 다비따시옹이 이렇게 탄생되었다. 이후 국가가 그에게 의뢰한 설계는 없었다. 그러나 1962년 르 코르뷔지에의 창조적 재능을 인정한 문화부 장관이 일흔다섯을 넘긴 그에게 국가적 중요성을 지닌 대규모 공공시설의 설계를 의뢰한다. 그것은 낭떼르 시의 시청사, 경찰서 청사, 이십세기미술관, 건축대학관, 예술대학관, 공연장, 조가 공원 등 행정과 교육과 예술을 위한 초대형 종합단지였다. 르 코르뷔지에는 주어진 장소가 적합하지 않다고 생각해 대안을 제시하기도 했다. 하지만 위너 만넌에 시작되었기 때문에 일만간의 스케치만을 남겼을 뿐이다.

11. '마침을 끄는 말'이라는 표현은 르 코르뷔지에의 글이나 그림에 점진적 작업의 의미로 자주 등장한다.

12. 위니떼 다비따시옹(1946-1952)은 삼백삼십칠 세대를 수용하는 기대한 단일 집합주거 건물이

다. '빛나는 도시(La ville radieuse)' 이론에 기초한 이 건물에는 필로티, 내부 도로, 체육관, 어린 이집과 같은 각종 사회 편의시설이 내재되어 있다. 르 코르뷔지에가 '수직도시'라고 불렀던 위 니테 다비타시옹은 마르세유 이후 낭트, 베를린 등지에 추가로 지어졌으며, 현대 집합주거의 본보기가 되었다.

13. 프티 팔레를 프랑수아즈 '즈그맹고 하얀 침대'라는 뜻으로, 일간지 『라 프레스(La Presse)』의 책임자였던 레옹 뺄비(Léon Bailly)가 기금 마련을 위해 1918년에 만든 호화스런 무도회의 이름 이다. 해마다 파리 가르니에 오페라 극장에서 열렸으며 비쌘 입장료를 내야 들어갈 수 있었다.

14. 『에스프리 누보』는 르 코르뷔지에와 화가 아메데 오장팡(Amédée Ozenfant), 그리고 다다이즘 계 통의 지널리스트였던 폴 데르메(Paul Dermée)가 1920년에 창간한 전위적 성격의 잡지이다. '에 스프리 누보'는 시인 기욤 아폴리네르(Guillaume Apollinaire)에게서 빌려 온 '새로운 정신'을 의 미하는 표현이다. 예술, 문학, 건축, 음악, 미학 등의 주제가 다루어졌으며, 1920년 10월 부터 1924년까지 총 28호가 발간되었다. 르 코르뷔지에는 이 잡지에서 L.B.G라는 논설 및 논설뿐만 아니라 편집 디자인, 광고 유치 등 제작 전반에 길이 관여했다.

15. 르 코르뷔지에는 『에스프리 누보』에 게재한 논문들을 모아 근대건축에 관한 건축가의 이론적 실천적 입장을 담은 『건축을 향하여』(1923)를 출간했다. 이 책은 그가 신봉하며 여파에 따라 사회의 총체적 변화가 불가피했던 이십세기 초의 시대적 상황을 기계주의로 규정하고 사안 역 사와 첨단 기술의 분석을 통해 미래의 건축이 나아가야 할 방향을 체계한 기념비적 저작이다. 여 기에서 주장된 그의 건축에 관한 입장은 단지 당시뿐만 아니라 한 세기가 지난 지금도 무한한 상상 력을 불러일으키며 끊임없는 참조의 대상이 되고 있다.

16. "Tout est dans la manière de faire (travail intérieur) et non pas dans la manière d'être qui n'intéresse personne."

17. 르 코르뷔지에는 인도 수상 자와할랄 네루(Jawaharlal Nehru)의 의뢰를 받아 찬디가르에 새로운 행정도시를 건설하는 데 전념한다. 그는 오랫동안 연구한 건축과 도시를 대규모로 실현시킬 기회를 갖게 된 것이다. 유럽 국가나 지중해를 면한 아랍 국가와 완전히 다른 환경의 인도를 접하면서, 근대건축이 망각했거나 상실했던 비판받았던 문화적 상징성을 갖게 사유하고 근대건축의 유효성을 일깨우고자 했다. 피에트로 잔느레는 1896년생으로 르 코르뷔지에보다 아홉 살 아래의 사촌이며 건축가이다. 그는 1922년 르 코르뷔지에와 함께 파리에 실계사무소를 개업한 이후 그의 충실한 상보적 동반자였으며, 특히 찬디가르 연작의 쌍임을 많아 많아 성공적인 실현에 결정적 역할을 했다.

18. 몽테뉴(1533~1592)는 프랑스 철학자, 사상가, 수필가로, 이 말은 그의 『수상록』 제3권 13장 「경험에 대하여」에 나온다. 원문은 "Si haut que soit le trône, si moelleux que soit le siège, on n'est jamais assis que sur son cul"로, 르 코르뷔지에의 인용은 "Au plus élevé trône du monde n'est-on encore assis que sur son cul"라고 약간 변형되었다. 르 코르뷔지에는 아무리 자위가 높은 사람이라도 의자는 엉덩이로 앉게 되어 있다는 사실의 내재적 불변성을 확인시키고 있다.

19. 르 코르뷔지에는 창조의 열쇠가 응시에 있다고 말하곤 했었다. 진정한 창조의 문을 열기 위해 서는 사물과 세상에 관심을 가지고 바라보는 행위, 즉 응시의 단계를 필연적으로 거쳐야 하는 것이다.

20. 여기에서 그는 예술적 창조의 의미를 실무 자체가 아니라 실무로부터 비롯되는 논리적 성찰, 즉 사유에서 찾아야 한다고 주장한다.

21. 모뒬로르는 르 코르뷔지에가 인간의 신체에 기초하여 1943~1947년에 고안한 비례 체계이다. 기준은 키 일 미터 팔십삼 센티미터에 팔을 들어 올렸을 때 높이가 이 미터 이십육 센티미터인 성인 남성이다. 르 코르뷔지에는 여기에서 예술, 건축, 가구, 공산품에 적용되는 과학적 측정 방

63

뱉을 제시하고 있다.

22. 르 코르뷔지에는 자신을 까마귀와 당나귀에 비유해서 이야기하곤 했다. 까마귀를 프랑스어로는 코르보(Corbeau)랑고 부르는데, 충안하여 코르뷔(Corbu)랑고 부르는 자신의 이름과 유사한 발음 때문에 까마귀를 상명처럼 즐겨 그렸다. 그리고 성실하게 자주 설명했다. 문단 앞에 나오는 정직한 모습의 당나귀를 자신의 모습과 동일시해서 자주 설명했다. 문단 뒤에 나오는 당나귀는 르 코르뷔지에 분인을 의미하지만, 문단 뒤에 나오는 긴 귀에 초점이 맞춰져 있다. 말하자면 당나귀가 소리를 더 잘 들으려면 귀를 더 길게 늘어야 되듯이, 모델로르는 한체를 가진 인간의 감각을 더욱 확장시킬 수 있다는 도구이다.

23. 규준선(tracés régulateurs)은 르 코르뷔지에가 건물의 형태 및 문량, 그리고 창문 등의 여러 가지 건축 요소들의 합리적 구성을 위해 역사적 고정을 토대로 고안한 기하학적 원리이다.

24. 오귀스트 슈아지(Auguste Choisy, 1841-1909)는 프랑스의 공학자, 건축가, 건축역사학자이다. 그의 『건축의 역사』(1899)는 제50주의 시대부터 시작된 프랑스 건축의 합리주의적 전통을 계승하는 역작으로 평가된다. 독창적 도면에 함께 실린 이 책은 르 코르뷔지에를 포함하여 이십세기 초반 건축가들에게 실질적 지침서가 되었다.

25. 지콤모 비뇰라 다 비뇰라(Giacomo Barozzi da Vignola, 1507-1573)는 건축가이자 이론가로서 이탈리아와 프랑스에서 활동하였고 과거부터 중요하게 다루어졌던 다섯 가지 주두(柱頭)의 형식을 규범화하여 『오주범(五柱範, Regola delli cinque ordini d'architettura)』(1562)을 저술했다. 도리아, 이오니아, 코린트, 토스칸, 콤포지트 등 오주범의 완한 해석과 조합은 심구하고 인식하게 절충주의(Eclecticism)에 이르기까지 계승되었고, 건축을 안식(Style)으로 정의하고 인식하게 만드는 결과를 냥았다. 안식으로서의 건축에 대해 가장 비판적이었던 건축가가 바로 르 코르뷔지에였는데, 그는 양식을 보수적 아카데미즘의 상징으로, 이십세기의 총체적 사회 변화에 적응하지 못하는 시

대저 오직 역사주의 형식에 물만한 것으로 생각했다.

26. '인구 삼백만의 현대 도시(Ville contemporaine de trois millions d'habitants)'는 르 코르뷔지에가 1922년 살롱 도톤 전시회를 위해 보편성을 지향하면서 계획한 이론적 도시이다. 이 도시의 특징으로는 충분한 녹지 공간의 확보를 가능케 하고 일조량을 극대화하는 넓고 일정한 인동간격(隣棟間隔)과 고층 건물군, 그리고 보행자로와 차로의 분리 등을 들 수 있는데, 이것은 당시 유럽 대도시의 열악한 환경에 대한 비판의 결과이며, 급진적이고 합리적인 제안이었다. 산업혁명 이 여파로 사회 체계의 근본적 재편이 요구되었던 당시에, 건축가는 건축물뿐만 아니라 필연적으로 건축물의 집합체인 도시를 중요한 연구 주제로 포함시켰는데, 르 코르뷔지에는 이후에도 지속적으로 도시에 관한 저서와 작품을 세상에 내놓았다. 특히 마천루의 도시 누아유 그의 중요한 참조체이자 비판과 개선의 대상이었다. '주거-빌라(Immeuble-villa)' 역시 1922년 살롱 도톤 전시회에 출품된 계획안으로 '인구 삼백만의 현대 도시'의 기본 구성 요소가 되는 아파트 건물과 그 개별 세대에 대한 연구이다. 각 세대에는 몇 층에는 상관없이 테라스가 배치되며, 건물 옥상에는 옥상 트랙이 설치된다. 르 코르뷔지에의 이탈리아 갈루조 소재 샤르트뢰즈 데마를 방문했던 정확한 시기는 1907년과 1911년이다. 그는 이 소박한 중세 수도원을 사적 공간, 공적 공간, 공동체 공간 등이 조화롭게 구성된 "사람의 행복을 위해 만들어진 진정한 인간적 건축"이라고 생각했다.

27. '1922년' 다음에 1919년이 다시 등장하고 있다. 1919년이 두 번 나열되고 있는데, 이 점은 다소 어색해 보인다. 더욱이 르 코르뷔지에의 조각이 1940년대 후반 나무 조각가 사비나(J. Savina)의 도움을 받아 본격적으로 발표된다는 사실을 감안한다면, 연대와 내용이 일치하는지 의문이다. 만일 이러한 연대순의 의도적인 것이라면, 여기서 우리는 르 코르뷔지에가 건축가로 성장하기 위해 학습을 하던 초기부터, 시상에서 '주요 예술'로 인식되는 건축, 회화, 조각의 세 가지 예술

직 채현 형식에 공통적으로 나타나는 일반 요소들에 판심을 가진다는 사실을 확인하게 된다. 1949년에 이 일러서 마침내 '죠요 에술의 종합(Synthèse des Arts Majeurs)' 이라는 개념으로 공식화되는데, 이는 이차세대적 이후를 규정하는 그의 중요한 이론적 근거 중의 하나이다.

28. "Tout est dans tout: cohésion, cohérence; unité, Architecture et urbanisme conjugués; un seul problème, réclamant une seule profession."

29. 기계주의 문명(civilisation machiniste)은 이십세기 기술 문명을 지칭하며, 이 시대가 기계의 원제화된 생산방식의 보급으로 비롯된 사고와 생활을 총체적으로 지칭한다. 기계와 판련되 르 코르뷔지에의 또 다른 걸 울려진 표현으로 "죠택은 거주 기계이다(La maison est une machine à habiter)" 가 있다.

위 그 과금 효과로 요약될 수 있다는 르 코르뷔지에의 세계판을 느리낸다. 기계주의 문명은 기

30. 르 코르뷔지에는, 스페인의 도시계획가이자 사회사상가인 아르투로 소리아 마타(Arturo Soria y Mata)의 '선형(線形) 도시' 이론과 프랑스의 건축가이자 도시계획가인 토니 가르니에(Tony Garnier)의 '산업 도시' 이론을 동시에 받아들여 독자적인 '산업 선형 도시' 이론을 구축했다. 신
형 도시는 먼 거리를 빼르게 이어 주는 기차로 인해 구도심을 벗어난 외곽에 효율적으로 또 다른 도시가 들어설 수 있다는 이론에 근거한다. 순수, 위생의 문제를 해결하고 평등한 사회 건설에 목표를 둔 이러한 새로운 개방적 도시 이론은 근대도시 유럽뿐만 아니라 소련으로까지 확산되었고, 기존 도시의 해체를 주장하는 반(反)도시주의자들에게 영감을 주었다. 신엄 도시 역시 산
업 사회에 적합한 새로운 개방적 도시 사이의 유기적 상호관계를 활성화한다는 이론에 근거한
모든 기능을 적합하게 구분해서 도시 이용이 중요하게 다루어졌기 때문에, 기존의 지연발생적
다. 효율적 용도 구분과 합리적 도지 이용이 중요하게 다루어졌기 때문에, 기존의 지연발생적
도시에서 부족했던 누거워 도로가 풍부하게 제공되있다. 신엄 도시에 의한 도시 형태는 현대

도시계획의 해석적 토대 중 하나이다.

31. 1933년 12월 러시아 출생의 스타비스키가 불법 채권을 발행해서 거액의 돈을 사취한 사건이 있었는데, 당시 급진사회당 내각이 사건에 연루되었있고 경시총감이 스타비스키의 도피를 도와 준 사실이 드러나면서 정계의 부패를 비난하는 소리가 높았다. 더욱이 스타비스키가 시체로 발견 됨에 따라 이후 한동안 카네 이론이 비등했다. 결국 이는 우익 파시스트 세력의 소요 사건으로 이어졌고, 한때 프랑스 공화정은 위기에 처하게 되었다.

32. 르 코르뷔지에는 장-자크 뒤발을 취리히의 공과대학에서 처음 만났다. 이후 전문 관계를 유지 하다 그의 도움으로 이차세계대전 당시 독일군의 폭격으로 초토화된 파리 북부 생디에의 재건 계획을 맡게 된다. 재로는 실현되지 못했으나, 뒤발은 생디에에 자신의 섬유 공장 재건을 르 코 르뷔지에에게 의뢰했다. 이 공장은 1951년 완성되었으며 현재까지 사용되고 있다.

33. '자주'는 1940년대 초 파리에서 괴짜처럼 행동하고 다니던 특정 신세대들에게 붙여진 별명 이다. 재즈를 좋아하고 미국 및 영국 풍 옷차림을 즐겼던 이들은 적자무늬가 있는 앙복 상의를 입고 비가 오는지 바람이 붙는지 상관없이 접은 우산을 팔에 끼고 진득거리며 다니곤 했다.

34. 르 코르뷔지에는 장-자크 뒤발에게 편지를 쓰면서 글과 함께 그림도 보냈는데 제목이 바로 반 반복가이도(反縛不可圖) '변경불가선(變更不可線)' 혹은 '지로사의 중맣' 이다. 그림은 '세 가지 인간 정주지(定住地)' 이론을 설명하기 위해 그려졌고, 여기에서 주장된 바는 이 이론의 결코 반박될 수 없고 변경될 수 없이 자명하다는 의미로는 민간요법의 지료사가 과학적 진보의 이십세기의 유사한 의미로, 전통적 관습을 따르는 민간요법의 지료사가 없게 되었다는 내용을 담고 있다.

35. 산업혁명 이후 서구사회는 정치, 경제, 문화 등 사회 전체 영역의 총체적 변화에 놓이게 된다. 변화의 중요한 원동력 중의 하나는 근대사회 건설이라는 시대정신에서 비롯된, 전통과 관습의

룰페에서 벗어난 과학적 연구 성과들이었다. 르 코르뷔지에가 관심있게 본 의학 및 약학이 바로 그린 경우인데, 십구세기를 지나는 동안 소위 과학 혁명으로 인해 그림제로으로 개편된 이들 분야의 학술적 체계는 질병에 관한 지식을 세분케 과거와는 비교할 수 없는 정도로 생활의 질을 향상시키는 '문명화'의 결과를 낳았다. 문명하는 현실을 개선함으로 완전하고 정확한게 묘사해야 인간의 본질을 부각시키고자 하는 당시의 현실적 의지를 반영하며, 이는 프랑스 문호 발자크(Honor de Balzac, 1799-1850)의 사실주의적 기획에 이미 포함되어 있었다. 그의 대표작 「인간희극(Comédie humaine)」에서 체시한 자신의 건축을 인간에 의한 사회'의 문제는 르 코르뷔지에가 평생 지식의 건축을 통해서 탐구한 근대적 건축성과 서정적 인간에, 그리고 합리적 사회 공동체의 문제와 다르지 않다.

36. 르 코르뷔지에는 동일한 산업의 시대를 지나, 기계주의 문명에 기초한 산업의 시대에 적합한 인간 정주조에 대한 이론을 '세 가지 인간 정주지'라는 체무으로 체계화했다.

37. 권위를 위해 발명된 새로운 기계의 출현이, 여기에 필요한 기술과 지식을 세대로 갖추기 전까지는 조건 미흡과 부조리로 사고가 끊이질 않은 불안하게 만들어지는 요지이다. 르 코르뷔지에는 사람의 진실 혹은 정직성, 말하자면 태양이 인체나 지평선에서 솟아오르는 것처럼 사람을 행창으로 만드는 합리적으로부터 인자하게 만들어져 경주 모두에게 위안을 준다고 지적한다. 어떤 의미에서는 어금인 내용이 윤리적 결차에 바탕을 둔 합리주의란다, 이십세기 초에 발생한 근대건축의 핵심을 거냥하고 있다.

38. 보자르는 1671년에 설립된 국립고등미술학교(École Nationale Supérieure des Beaux-Arts)의 약칭으로, 회화, 조각, 건축을 교육하는 면심상부한 유럽 최고의 예술교육기관이다. 그러나 르 코르뷔지에는 전통과 관습에 얽매여 기계주의의 사회적 변화를 전혀 수용하지 못하는 '아카데미즘'의

대표적 교육기관으로 비판에 찼다. 1968년에 일어난 학생 혁명 때 예술 분야에서 교육제도의 혁신에 앞장섰던 주체가 바로 보자르의 건축과 학생들이었으며, 결국 보자르는 다른 고등교육 기관과 마찬가지로 심각한 구조조정을 겪게 된다. 이후부터 건축은 보자르의 교육과정에 포함 되지 않고 별도로 설립된 건축교육기관을 통해서 교육이 이루어지게 된다.

39. 1940년 말 비시 정부는 장관 주제로 건축가협회를 설립하고 세 명의 건축가에게 공식적으로 면 허를 부여했다. 그들은 프랑스 근대건축을 일으킨 오귀스트 페레(Auguste Perret), 외젠 프레시 네(Eugène Freyssiner), 그리고 르 코르뷔지에이다.

40. 라 데팡스, 뇌이 교, 개선문, 콩코르드 광장, 튈르리 공원, 루브르, 생-제르맹-록세루아 등은 일 직선을 이루며 파리 시청까지 이어진다. '승리의 거리'는 개선문과 콩코르드 광장 사이의 샹젤 리제 가(Avenue des Champs-Élysées)이다.

41. 르 코르뷔지에는 한 번도 건축을 디자인의 영역으로 간주한 적이 없다. 그에게 가장 중요한 연 구 대상 중 하나는 중력이며, 따라서 형태보다 구조를 더 앞에 위치시킨다. 그뿐만 아니라 이십 세기 근대주의 건축가들은 건축을 축조 예술(art de bâtir)이며, 무엇보다 건설(construction) 또는 구축의 영역이라고 생각했다.

42. 장막벽, 즉 커튼 월(curtain wall)은 비내력(非耐力) 간막이로서의 외피를 의미한다. 대부분의 경 우 유리가 외피의 재료로 사용되는데, 밀폐될 가능성이 높아서 통풍과 환기, 그리고 광량 조절 을 위한 고가의 기계 시설이 필요할 뿐만 아니라 그것이 강제적인 만큼 에너지 소모 또한 많다. 르 코르뷔지에는 1929년에 설계한 구세군회관에서 유리로 유사한 실험을 했으나 1950년 개보 수 때 개폐가 가능하도록 전면 교체하여 빛을 끌어들이면서 공기가 자연스럽게 순환되도록 했 다. 이처럼 르 코르뷔지에는 여러 개의 수평 바닥판을 걸쳐서 하나의 거대한 유리 대신, 태양의 고도와 방향을 통제하여 조망과 채광과 환기를 가능하게 만드는 건축적 형태로서의 차

안 장치, 즉 브리즈 솔레유(brise soleil)를 개념화했다.

43. 농경지는 농업시대의 공동체를 의미한다.

44. 교역을 위한 방사형 도시는 산업시대의 공동체를 의미한다.

45. 이 표현은 산업시대에 요구되는 세번째 인간 정주지, 즉 선형 산업 도시를 받아들여야 한다는 것을 의미한다. 선형 산업 도시는 현대 도시의 문제를 해결하려는 그의 중요한 제안들 중 하나다.

46. '렌적'은 화물을 무정차로 한 번에 보내지 않고 도중에 옮겨 실어서 운송하는 방식이고, '분적'은 화물 전량을 최소 단위로 나누어서 운송하는 방식이다. 르 코르뷔지에는 분적으로 인한 문제를 그린적으로 해결하는 합리적 기술 혁신의 선형도시 환경을 설명하고 있다.

47. "Association de Constructeurs pour une Rénovation Architecturale."

48. 르 코르뷔지에는 1935년 미국을 방문했을 때 화재예방협회의 회장을 만나 플러스빔으로 철소 같은 생활 필수품들을 얼마나 다양하게 만들 수 있느지에 관해 이야기를 들었고, 플러스빔이 건설 산업에도 도입되어야 한다고 생각했다.

49. 유럽 각국의 건축가들은 르 코르뷔지에가 주창하여 근대건축국제회의(Congrès Internationaux d'Architecture Moderne)를 결성하고 1928년에 스물여덟 명이 모여 첫번째 총회를 스위스 단 사라 성에서 개최하였다. 독일 바이센호프 집합주거 전시회의 성공적 개최를 스위스 제네바의 국제 연맹 현상설계에서 르 코르뷔지에를 비롯한 근대 건축가들의 낙선이 근대건축국제회의 성립의 중요한 계기가 되었다. 아테네 헌장은 마르세유에서 아테네로 항해하는 기선에서 열린, 1933년의 네번째 총회의 의결 사항으로서 현대 도시계획의 원칙들에 관한 내용을 담고 있다. 근대건축국제회의는 이차세계대전 이후 지역, 문화, 세대 등의 차이를 좀하지 못하고 1959년에 해체되었다.

70

50. 르 코르뷔지에의 사무실은 파리 세브르 가 삼십오 번지(35, rue de Sèvre)에서 1922년부터 1965년 까지 사십삼 년여 동안 운영되었다.

51. 바르샤바 기술원에서 건축을 공부한 예지 졸탄(Jerzy Soltan, 1913–2005)은 1945년부터 사 년 동 안 르 코르뷔지에의 작업실에서 일했고, 이후에도 제자에서 그와의 우정과 어린 관계를 유지했을 뿐만 아니라 여러 가지 방식으로 그에 대한 존경심을 공공연히 표현했다. 졸탄은 1959년부터 1979년까지 하버드대학교 디자인대학원 교수를 지냈고, 2002년에는 미국건축가협회(AIA)와 미 국건축대학협합(ACSA)이 최고의 건축교육자에게 수여하는 토파즈 상의 수상자로 선정되었다.

52. 1929년부터 1966년까지 총 여덟 권의 르 코르뷔지에의 작품전집(Œuvre Complète)이 지르스베 르제(Girsberger)에 의해 출간되었다. 졸탄이 바르샤바에서 구했다는 작품집은, 권자의 날짜와 내용으로 추정하건대 『작품전집 제5권 1946-1952』인 것으로 보인다.

53. 형식주의(Formalisme)는 1910년대 러시아에서 시작된 문예이론으로, 작품의 형식과 내용과의 관계에서 형식의 자율성과 형식 자체의 의미 생산 가능을 강조한다. 따라서 사회적 문제 및 관념을 반영하지 못하는 작품은 비판을 받기도 했다. 구축주의(Constructivisme)는 러시아 시월혁명의 사회적 변혁기와 호응하여, 특정한 예술의 경향을 넘어서 건축을 포함한 모 든 근대예술에 관한 새로운 전위적 사고의 형태를 대변한다. 여기에서의 해심 개념인 '구축 (construction)'은 기능, 물성, 생산 방식을 강조하는 것으로, 자의적 미학 개념으로 평가되는 '구 성(composition)'과는 철저히 거리를 두었다. 1920년대의 러시아 구축주의 운동에서 주도권을 가졌던 형식주의와 구축주의는 1930년 이후 스탈린이 정권을 잡으면서 정치 선전 체회에 따라 본래의 의미와 상관없이 당의 노선과 방향을 달리하는 허신적 입장과 운동을로 무분별하게 비 판하는 데 쓰이게 된다.

54. '열린 손'은 르 코르뷔지에가 오랫동안 인류애를 바탕으로 생각해 온 평화와 화합의 상징으로

서 찬디가르 행정 수도 건설을 계기로 구체화된 기념비이다. 의회, 대법원, 행정사무국 등 대부분의 건축물들은 계획대로 완공되었으나, 르 코르뷔지에가 특별한 관심을 두었던 '열린 손'은 경제적 이유로 지연되다가, 그가 세상을 떠나고 20년이 흐른 1980년대에 들어 세계 각지로부터 모인 성금에 힘입어 1985년에 실현될 수 있었다.

55. "ouvrir les mains à toutes matières, techniques et idées, trouver la solution."

56. 앙드레 말로(1901–1976)는 프랑스의 소설가이자 사상가로서 1945년부터 1969년까지 드골 정권의 문화부 장관을 지내는 등 정치가로도 활동했다. 르 코르뷔지에와의 친분은 각별했는데, 정치적 재임 당시 그는 철거 위기에 처한 시부아 저택을 구제하였고, 공사 중인 찬디가르를 직접 방문하였으며, 1965년 9월 1일 루브르의 쿠르 카레(Cour Carré)에서 치러진 르 코르뷔지에의 장례식을 직접 집전하였다.

57. 프로스 비브 출판사의 점 프린트 가로, 세로 12.7센티미터 크기도, 이 책(*Mise au point*, 1966)을 포함한 몇 가지 소책자들의 출판을 기획했다.

58. 위그 드잘(Hugues Desalle)에 의해 1961년과 1965년, 두 번의 녹취가 진행됐다. 첫번째는 '우리 시대의 프랑스 사람, 르 코르뷔지에: 일흔세 살의 내 생각(Français de notre temps, Le Corbusier: Mes pensées à 73 ans)'이라는 제목으로, 두번째는 '르 코르뷔지에의 젊음과 모험, 르 코르뷔지에의 투쟁, 세계, 건축, 시학(Le Corbusier revit son enfance, sa jeunesse, son aventure. Le Corbusier vit ses combats, le monde, son architecture, sa poésie)'이라는 제목으로 두 개의 지롤가 만들어졌다.

59. "Celle-ci doit surgir de la physique, de l'imagination, du courage et du risque."

60. 미겔 데 세르반테스(Miguel de Cervantes, 1547–1616)와 프랑수아 라블레(François Rabelais, 1483–1553)는 각각 스페인과 프랑스에서 중세시대에서 벗어난 근대문학의 출현을 알렸다. 이들의 대표작인 「돈키호테」와 「가르강튀아와 팡타그뤼엘」은 모두 당시의 기준으로 파격되지

않는 새로운 형식의 문학작품으로, 작품의 최근작 풍자 뒤에는 언제나 당시의 세태에 대한 비판이 깔려 있다.

61. '메르드'는 '똥할' 또는 '빌어먹을' 정도로 번역될 수 있는 비속어이다. 한편, '브라게트 에 발트롱'은 '브라게트(braguette, 바지를 입고 벗을 수 있도록 길게 놓은 가운데의 틈 혹은 남성을 감싸는 주머니)'와 '발트롱(balletron, 라블레 자신이 남성으로부터 창안해 만든 외설적 단어)'을 병치한 하나의 단어로, 장난기가 쉬운 음란한 내용을 가진, 라블레의 독특한 표현이다.

62. 스테판 말라르메(Stéphane Mallarmé, 1842-1898)는 프랑스 근대시의 최고봉으로 인정받는 상징파 시인이다. 본문의 시는 1862년(1870년 개작) 첫 시집에 실린 「불운(Le guignon)」의 첫 세 행이다. (번역은 '스테판 말라르메, 황현산 옮김, 『시집』, 문학과지성사, 2005, 50쪽'을 따랐다.) '깡충을 구성하는 자들'은 이상과 절대를 탐구하고 갈망하는 시인들을 말한다. 르 코르뷔지에 는 고통을 긍지로 바꾸면서 영예를 얻은 위대한 시인들처럼 자신이 경험했던 불가능과 무질서의 회의적 상황을 오히려 인간 능력의 열정과 인내로 극복해야 한다는 말을 던지고 있다.

63. 르 코르뷔지에는 이십삼 세가 되던 1911년에 베를린, 프라하, 세르비아, 루마니아, 불가리아, 이스탄불, 그리스, 이탈리아 등지를 여행했다. 이때 쓴 기행문은 장 프티에 의해 1966년 『동방여행』이란 제목으로 출간되었다. 책에 나타난 시양 문명의 기원과도 같은 아테네의 파르테논 신전에 관한 그의 기술은, 건축가 자신의 건축 작업을 위한 가장 중요한 모식(模式)이 되고 있다는 사실을 잘 알려 준다.

64. 르 코르뷔지에는 1931년 파리 냉셰세 에 콜리 가 이십사 번지(24, rue Nungesser et Colli)에 칠층 규모의 도시주거를 설계했고, 완공된 1934년부터 생의 마지막까지 이곳 맨 꼭대기 두 개 층이 자신의 집이었다. 베네수엘라 출신 아우구스토 토비토(Augusto Tobito)는 1953년부터 1959년까지 찬다

가든, 아파르타느, 피른마닝, 바그다느, 베를린 등의 작업에 참여했다. 건축가 김중업이 르 코르뷔지에의 사무실에 있던 시기도 이 무렵이다.

65. 르 코르뷔지에의 본명이 샤를에두아느은 진느웨이다. 1920년 『에스프리 누보』에 글을 실으면서부터 필명을 사용하기 시작했다.

66. 「요한계시록」 8장 1절의 구절.

67. 이루어진 일들이 모두 끊임없이 생기에서 비롯되었음을 알려 주는 이 마지막 문장은 "정해지는 것은 사뿐이다"라는 첫 무장으로 돌아오게 만든다. 노력의 결실인 사유가 근 건축 작업이라는 사실이 여기에서 다시 한번 강조되고 있는 것이다. 르 코르뷔지에는 이 글을 쓰고 한 달 뒤인 1965년 8월 27일 지중해에서 휴가를 보내다가 심장마비로 세상을 떠났다.

"전해지는 것은 사유뿐이다"

"이러한 모든 것들은 그 끝을 알지 못한 채 현기증처럼 아득하게 사라지는 삶을 사는 동안 서서히 내 머릿속에서 자리났다고 만들어졌다." 자신의 죽음을 예견한 것일까. 그는 삶의 끝을 생각하면서 이 마지막 문장을 썼을지도 모른다. 책의 원고를 완성하고 나서, 그는 휴가 때면 언제나 그랬듯이 자신이 설계한 프랑스 남부 카프 마르탱의 여름 별장 오두막집에 들렀다. 평소처럼 수영을 즐기던 르 코르뷔지에는 1965년 8월 27일 심장마비로 철썩철썩 세의 생을 마감하며 지중해의 품으로 영원히 돌아갔다. 그는 인기 어려울 정도로 많은 양의 작업을 하였고 후하게 느낌을 위해 모든 걸 자료로 남겼다. 사십 권의 저서(작품집을 포함하면 두 배에 달한다), 수백 편의 논문, 삼만이천 점의 도면, 사백 점의 회화, 철천 점의 데생, 이 외에 조각, 크로키, 판화, 가구, 카펫 등의 작품이 르 코르뷔지에 재단에 소장되

75

어 있다. 그를 화가로도, 조각가로도, 시인으로도 부를 수 있으나, 정체성에서 프
랑스 정부를 대표해서 고별사를 낭독한 앙드레 말로(André Malraux)가 확인해 준
것처럼, 건축가로서 특정적 삶을 살았던 그는 자신의 생각을 체계화할 줄 알았고
또한 그래야 한다고 믿었기에, 르네상스의 대가들이 그랬던 것처럼 중단 없는 이
론적 성찰을 통해서 건축을 인간과 현실을 연구하는 학문으로 드높이려는 만들
있다. 그가 남긴 에술, 기술, 과학, 인문학, 사회학 등에 관련된 자료들은 전 세계
의 건축가와 연구자들의 관심의 대상인 동시에 영감의 원천이고, 앞으로도 중요
한 지식의 성과들을 만들어낼 토대로 작용할 것이다.

르 코르뷔지에가 쓴 이 자그마한 책의 원고는 1965년 7월에 완성되었고, 르
르 코르뷔지에의 장 프로테에 의해 그 다음 해에 출간되었다. 1966년에는 또 다
른 비브 출판사의 장 프로테에 의해 그 다음 해에 출간되었다. 1966년에는 또 다
른 원고가 같은 출판사에서 책으로 만들어졌는데, 바로 그가 분문에서 밝힌 『동
방여행(Le voyage d'Orient)』이다. 르 코르뷔지에는 무려 오십오 년의 시간 차를 가
진 최초의 책과 최후의 책을 한꺼번에 준비하고 있었던 것이다. 1911년 건축 공
부를 위해 지중해 연안과 동유럽 여러 나라를 여행하면서 기록한 원고를 다시 꺼

내 들녘에서 그는 무슨 생각을 했을까. 이십대 초반의 호기심 많은 젊은이의 음성

이 『동방여행』을 통해서 생생하게 전해 온다. 특히 서양 문명의 발상지라고 불리

는 아테네의 아크로폴리스 언덕과 파르테논 신전은 그에게 무한한 감동을 선사

했고, 이러한 감동은 일생 동안 그의 건축적 사고를 지배하게 된다. 말하자면 새

로운 시대의 건축, 즉 근대건축을 꿈꾸게 한 원동력 중의 하나가 이천 년 전의 고

전(古典)이었던 것이다. 여기서 그는 건축이 정신과 진실의 문제라는 결론을 얻

었고, 이러한 생각은 칠십대 후반의 나이까지 한 번도 흔들리지 않았다. 그렇기

때문에 그는 그의 마지막 글이 담긴 이 책에서 반세기 넘게 이어져 온 일관된 생

각, 즉 과거의 자신과 현재의 자신과는 "사고방식에서 조금도 차이가 없다"라고

말하는 것이다. 여기서 우리는 오랜 세월을 지나면서 생겨날 수도 있는 사고방식

의 간격을 좁히려는 건축가의 부단한 노력을 읽을 수 있다. 그리고 그러한 노력

은 삶이 마지막 순간까지 멈추지 않았다.

본문에는 복잡다단한 일화들이 시간적 순서와는 상관없이 나열되어 있다.

건축가로서의 자부심과 이론적 주장의 정당성을 말하고, 진정한 창조를 위한 건

축 공부위 지역 태도에 관한 교훈을 받아한다. 미국 뉴욕이나 남아메리카의 도시에 대해 이야기하고, 프랑스 파리에서 벌어지는 방식들에 대해 이야기한다.

희망과 실망이 있었고, 성공과 실패가 있었다. 천사가 뒤따랐고, 비판이 뒤따랐다. 훈련 드 코르뷔지에는 그대로 전기와 후기로 나뉜다. 전기란 일차세계대전 이

후 사무이 지택으로 대표되는 그대건축을 완성했던 시기로, 백색 상자의 기하학 적 중성성을 지닌 건축적 형태로 대변되며, 후기란 이차세계대전 이후 위브레 다

비타시옹, 찬디가르를 행정 수도 등을 실현했던 시기로, 노출 콘크리트의 자유로 운

조형성을 지닌 건축적 형태의 작품들이 여기에 속한다. 그러나 이러한 구별은 그

단지 중요해 보이지 않는다. 분문 어디에도 형태적 변화를 암시하는 내용을 찾아

볼 수 없다. 군이 변화를 말한다면, 그것은 사회적 감수성에 따른 인식의 변화이

다. 그리고 이건 바로 인간에 관한 인식의 변화이다. 르 코르뷔지에는 분명하게

말한다. "인간을 재발견해야 한다" 라고. 말하자면 건축도 그에게는 인간을 이해

하는 방법 중의 하나였다. 인간을 둘러싸고 있는 모든 인공적 조건들을 탐색하고

숙고하는 인내의 자기훈련과도 같은 그의 노력이 '열린 손' 처럼 세상의 화합과 평

화를 염원하는 인류에의 수준으로 이어지게 된 것은 지극히 자연스럽다.

다른 학문 분야의 전문가와 마찬가지로 건축가들은 오랫동안 형상, 비례, 지

각, 무의식 등 수많은 주제들을 다루며 인간을 이해하고자 했다. 그런데 르 코르

뷔지에는 인간에 대해 더욱 본질적 문제를 제기한다. 바로 '사유(思惟)'이다. 본

문의 첫 문장을 그는 이렇게 썼다. "전해지는 것은 사유뿐이다." 사유를 말할 때,

그는 합리적 사고를 하는 이성적 존재로서의 인간을 그리는 데에 머물지 않고 "영

구적이며 영원한", 말하자면 시간의 제약으로부터 해방되는 생명력을 가진 존재

로서의 인간을 그린다. 생명력의 크기는, 사유가 철학적으로 이성의 여지가 없는

확고부동의 상징이듯이, 쉽게 허물어지지 않는 정신과 진실을 보장한다는 사실

에 있다. 르 코르뷔지에는 사유하는 인간을 통해서 궁극적으로 건축의 생명력을

이야기하고자 한다. 왜냐하면 건축은 그에게 모호하고 애매한 대상이 아니라 명

확하고 분명한 대상이고, 불확실성의 문제가 아니라 확실성의 문제이기 때문이

다. 사유가 없으면(혹은 아니면), 건축도 없다(혹은 아니다). 셰의 프랑스어 제목

은 '미즈 오 푸앵(Mise au point)'이다. 우리말로는 맞추기, 고르기, 정리, 확립 정

도가 되는데, 이 모두를 아우르고 글 전체에서 특별한 의미를 갖는 사유의 비중

을 고려해서 셰의 제목을 '사유'로 번역하였다.

나는 코르뷔지에를 만났던 이후 특별한 개인적 경험이 있다. 광선과 색채와 형태와 재료가 어우러진 디테일로 승도원의 어느 곳에서 은은이 전율하고 흡조차 멈췄던 충격의 순간을 기억하며 지금도 그의 건축 주변을 맴돈다.

얼마 안 되는 분량인데도 꽤 오래 붙잡고 있었다. 원고를 정성껏 다듬어 준 신권진섭 여러분께 감사드린다. 그리고 또다시 코르뷔지에를 진지하게 생각할 기회를 주신 이수정 기획실장님께 고마운 마음을 전한다.

2013년 8월
정진국

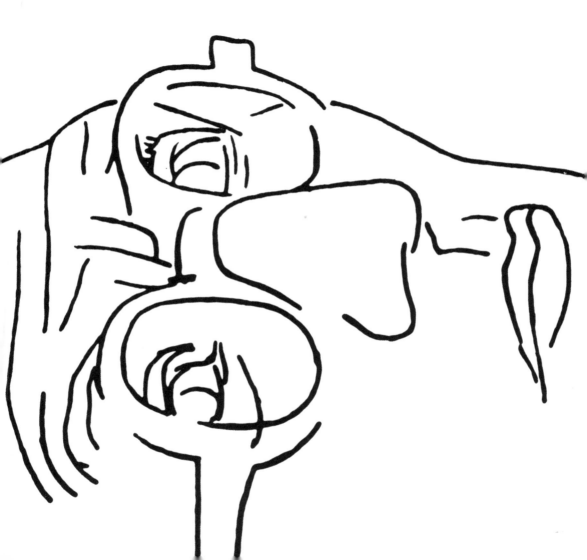

르 코르뷔지에(Le Corbusier, 1887-1965)는 스위스 태생의 프랑스 건축가로, 본명은 샤를 에두아르 잔느레(Charles-Édouard Jeanneret)이다. 1917년 파리에 정착하였으며, 거기서 만난 화가 오장팡과 함께 1920년에 순수주의(Le Purisme)를 제창했고, 예술을 종합적으로 다룬 『에스프리 누보(Esprit Nouveau)』를 간행했다. 이십세기 근대건축의 개척자이자 새로운 건축 유형의 창조자인 그가 발표한 작품과 이론은 항상 세계적 노쟁의 중심에 있었고, 도시와 정원은 물론 회화, 조각, 시 등을 섭렵하는 광범위한 활동들로 인해나 많은 전문가들의 관심을 모았다. 이러한 논쟁과 관심은 세기가 바뀐 오늘날에도 계속되고 있다. 사부아 저택, 롱샹 교회, 위니테 다비타시옹, 라투레트 수도원, 찬디가르 행정 수도 등을 설계했으며, 2016년 7월 일곱 개 국가의 열일곱 개 작품이 유네스코 세계유산의 목록에 등재됐다. 이는 그의 시대와 지역을 뛰어넘어 인간의 보편적 가치에 부응한다는 사실을 전세계가 인정한 기념비적 사건이다. 대표 저서로 『건축을 향하여』, 『도시계획』, 『프레시지옹』, 『빛나는 도시』, 『모뒬로르』, 『직각의 시』, 『작은 집』 등이 있다.

옮긴이 정진국(鄭振國)은 1957년 생으로 한양대학교 공과대학과 프랑스 파리 벨빌건축대학에서 건축학을 전공한 건축가이고, 프랑스 사회과학고등연구원에서 르 코르뷔지에를 연구한 예술사 박사이다. 파리 르 코르뷔지에 재단 주최의 국제하술대회에서 르 코르뷔지에의 건축적 다세계에 관한 논문을 발표했으며, 르 코르뷔지에 서울특별전 『현대건축의 아버지 르 코르뷔지에』(2016-2017)의 전시 고문을 담당했다. 다수의 국제현상공모전에서 수상했고, 한국건축가협회상(1996, 2005)을 수상했다. 작품으로 열린집짓다, 근지암 주택, 토졸하우스, 소금창고터, 박화영음악관 등이 있고, 저서로 『르 코르뷔지에가 선택한 최초의 세계들』, 『상자의 세구성』, 역서로 『프레시지옹』, 논문으로 「성당의 재료: 르 코르뷔지에의 피르미니 성당으로부터」, 등이 있다. 1994년부터 2022년까지 한양대학교 공과대학의 건축학부 교수로 재직하고 현재 명예교수로 있다. '건축은 대지에서 비롯되는 구축 질서로써 보편적 가치를 실현하는 축조예술'이라는 생각을 가지고 연구와 설계와 교육에 임하고 있다.

르 코르뷔지에의 사유

청진국 옮김

초판1쇄 발행 2013년 10월 1일 초판4쇄 발행 2023년 3월 20일
발행인 李起雄 발행처 悅話堂
경기도 파주시 광인사길 25 파주출판도시 전화 031-955-7000 팩스 031-955-7010
www.youlhwadang.co.kr yhdp@youlhwadang.co.kr
등록번호 제10-74호 등록일자 1971년 7월 2일
편집 조윤형 박미 디자인 이수정 인쇄 제책 (주)상지사피앤비

ISBN 978-89-301-0453-1 03610

Mise au point by Le Corbusier © 1966, Fondation Le Corbusier, Paris.
Korean edition © 2013, Youlhwadang Publishers. Translated by Jin Kouk Jeong
Published by Youlhwadang Publishers. Printed in Korea.